Hannah Arendt
Wahrheit und Lüge in der Politik

Die ebenso aktuellen wie permanent gültigen Fragestellungen des Bandes erläutert die Autorin: »Der Gegenstand dieser Überlegungen ist ein Gemeinplatz. Niemand hat je bezweifelt, daß es um die Wahrheit in der Politik schlecht bestellt ist, niemand hat je die Wahrhaftigkeit zu den politischen Tugenden gerechnet. Lügen scheint zum Handwerk nicht nur des Demagogen, sondern auch des Politikers und sogar des Staatsmannes zu gehören ... Ist schließlich nicht Wahrheit ohne Macht ebenso verächtlich wie Macht, die nur durch Lügen sich behaupten kann? Dies sind unbequeme Fragen, aber sie ergeben sich notwendig aus unseren landläufigen Meinungen in dieser Sache.«

Hannah Arendt, geb. 1906 in Hannover, studierte Philosophie, Theologie und Griechisch, 1928 Promotion. 1933 Emigration, seit 1950 in New York; 1946–48 Cheflektor, danach freie Schriftstellerin. 1963 Berufung als Professorin an die University of Chicago. 1959 Lessing-Preis der Stadt Hamburg.

Serie Piper:

Hannah Arendt

Wahrheit und Lüge in der Politik

Zwei Essays

ISBN 3-492-00336-2
© 1967, 1971, 1972 by Hannah Arendt
mit Genehmigung von Harcourt Brace Jovanovich,
Inc., New York.
© R. Piper & Co. Verlag, München 1972
Umschlag Wolfgang Dohmen
Gesetzt aus der Garamond-Antiqua
Gesamtherstellung Clausen & Bosse, Leck
Printed in Germany

Inhalt

Die Lüge in der Politik 7
Wahrheit und Politik 44
Quellennachweis 93

Die Lüge in der Politik
Überlegungen zu den Pentagon-Papieren

> *Es ist kein schöner Anblick, wie die größte Supermacht der Welt bei dem Versuch, eine winzige rückständige Nation wegen einer heftig umstrittenen Sache in die Knie zu zwingen, wöchentlich tausend Nichtkombattanten tötet oder schwer verwundet.* Robert S. McNamara

I

Wie so vieles in der Geschichte haben auch die Pentagon-Papiere verschiedenen Lesern Unterschiedliches zu sagen und verschiedene Lehren zu erteilen. Manche behaupten, sie hätten erst jetzt begriffen, daß Vietnam die logische Folge des Kalten Krieges oder des ideologischen Antikommunismus sei; andere sehen darin eine einzigartige Gelegenheit, etwas darüber zu erfahren, auf welche Weise eine Regierung ihre Entscheidungen trifft. Inzwischen sind sich aber die meisten einig, daß das fundamentale Problem, mit dem uns diese Papiere konfrontieren, das der Täuschung ist. Offensichtlich hat dieses Problem vor allem auch jene beschäftigt, welche die Pentagon-Papiere für die ›New York Times‹ zusammengestellt haben. Auch ist es zumindest wahrscheinlich, daß dieses Problem für das Autoren-Team, das die siebenundvierzig Bände der ursprünglichen Studie geschrieben hat, von entscheidender Bedeutung gewesen ist. Die berühmte ›Glaubwürdigkeitslücke‹ *(credibility gap)*, die uns seit sechs Jahren vertraut ist, hat sich plötzlich in einen Abgrund verwandelt. Der Flugsand unwahrer Behauptungen aller Art, von Täuschungen und Selbsttäuschungen, benimmt dem Leser den Atem. Atemlos realisiert er, daß er es mit der Infrastruktur der amerikanischen Außen- und Innenpolitik während fast eines Jahrzehnts zu tun hat.

Weil man sich in den obersten Rängen der Regierung so ausschweifend der politischen Unwahrhaftigkeit ergeben hatte, und weil man infolgedessen zuließ, daß sich die Lüge in gleicher Weise überall im militärischen und zivilen staatlichen Apparat breit machte – die frisierten Zahlen der mit ›Suchen und Vernichten‹ beauftragten Einheiten; die zurechtgemachten Erfolgs- und Verlustmeldungen der Luftwaffe [1]; die ›Fortschritte‹, die Untergebene von der Front nach Washington meldeten, wohl wissend, daß ihre Leistungen nach ihren eigenen Berichten beurteilt würden [2] –, gerät man leicht in die Versuchung, zu übertreiben und den geschichtlichen Hintergrund zu vergessen. Vor diesem Hintergrund jedoch, der ja auch nicht gerade einen makellosen Anblick bietet, muß man diese neueste Episode betrachten und beurteilen.

Geheimhaltung nämlich und Täuschung – was die Diplomaten Diskretion oder auch die *arcana imperii,* die Staatsgeheimnisse, nennen –, gezielte Irreführungen und blanke Lügen als legitime Mittel zur Erreichung politischer Zwecke kennen wir seit den Anfängen der überlieferten Geschichte. Wahrhaftigkeit zählte niemals zu den politischen Tugenden, und die Lüge galt immer als ein erlaubtes Mittel in der Politik. Wer über diesen Sachverhalt nachdenkt, kann sich nur wundern, wie wenig Aufmerksamkeit man ihm im Laufe unseres philosophischen und politischen Denkens gewidmet hat: einerseits im Hinblick auf das Wesen des Handelns und andererseits im Hinblick auf unsere Fähigkeit, in Gedanken und Worten Tatsachen abzuleugnen. Diese unsere aktive, aggressive Fähigkeit zu lügen unterscheidet sich auffallend von unserer passiven Anfälligkeit für Irrtümer, Illusionen, Gedächtnisfehler und all dem, was man dem Versagen unserer Sinnes- und Denkorgane anlasten kann.

Ein Wesenszug menschlichen Handelns ist, daß es immer etwas Neues anfängt; das bedeutet jedoch nicht, daß es ihm jemals möglich ist, *ab ovo* anzufangen oder *ex nihilo* etwas zu erschaffen. Um Raum für neues Handeln zu gewinnen, muß etwas, das vorher da war, beseitigt oder zerstört werden; der vorherige Zustand der Dinge wird verändert. Diese Veränderung wäre unmöglich, wenn wir nicht imstande wären, uns geistig von unserem physischen Standort zu entfernen und uns vorzustellen, daß die Dinge auch anders sein könnten, als sie tatsächlich sind. Anders ausgedrückt: die bewußte

---

[1] Ralph Stavins, Richard J. Barnet and Marcus Raskin, *Washington Plans an Aggressive War*, Random House 1971, S. 185–187.
[2] Daniel Ellsberg, ›The Quagmire Myth and the Stalemate Machine‹, in: *Public Policy*, Spring 1971, S. 262 f.

Leugnung der Tatsachen – die Fähigkeit zu lügen – und das Vermögen, die Wirklichkeit zu verändern – die Fähigkeit zu handeln – hängen zusammen; sie verdanken ihr Dasein derselben Quelle: der Einbildungskraft. Es ist nämlich keineswegs selbstverständlich, daß wir *sagen* können »Die Sonne scheint«, wenn es tatsächlich regnet (gewisse Hirnverletzungen haben den Verlust dieser Fähigkeit zur Folge). Es beweist vielmehr, daß wir mit unseren Sinnen und unserm Verstand zwar für die Welt gut ausgerüstet, daß wir ihr aber nicht als unveräußerlicher Teil eingefügt sind. Es steht uns *frei*, die Welt zu verändern und in ihr etwas Neues anzufangen. Ohne die geistige Freiheit, das Wirkliche zu akzeptieren oder zu verwerfen, ja oder nein zu sagen – nicht nur zu Aussagen oder Vorschlägen, um unsere Zustimmung oder Ablehnung zu bekunden, sondern zu Dingen, wie sie sich jenseits von Zustimmung oder Ablehnung unseren Sinnes- und Erkenntnisorganen darbieten –; ohne diese geistige Freiheit wäre Handeln unmöglich. Handeln aber ist das eigentliche Werk der Politik.[3]

Wenn wir also vom Lügen und zumal vom Lügen der Handelnden sprechen, so sollten wir nicht vergessen, daß die Lüge sich nicht von ungefähr durch menschliche Sündhaftigkeit in die Politik eingeschlichen hat; schon allein aus diesem Grund wird moralische Entrüstung sie nicht zum Verschwinden bringen. Bewußte Unaufrichtigkeit hat es mit kontingenten Tatbeständen zu tun, also mit Dingen, denen an sich Wahrheit nicht inhärent ist, die nicht notwendigerweise so sind, wie sie sind. Tatsachenwahrheiten sind niemals notwendigerweise wahr. Der Historiker weiß, wie verletzlich das ganze Gewebe faktischer Realitäten ist, darin wir unser tägliches Leben verbringen. Es ist immer in Gefahr, von einzelnen Lügen durchlöchert oder durch das organisierte Lügen von Gruppen, Nationen oder Klassen in Fetzen gerissen oder verzerrt zu werden, oftmals sorgfältig verdeckt durch Berge von Unwahrheiten, dann wieder einfach der Vergessenheit anheimgegeben. Tatsachen bedürfen glaubwürdiger Zeugen, um festgestellt und festgehalten zu werden, um einen sicheren Wohnort im Bereich der menschlichen

---

[3] Eine allgemeine Betrachtung über diese Fragen findet sich in meinem Aufsatz ›Wahrheit und Politik‹, in: *Philosophische Perspektiven*, Bd. I, 1969.

Angelegenheiten zu finden. Weshalb keine Tatsachen-Aussage jemals über jeden Zweifel erhaben sein kann – so sicher und unangreifbar wie beispielsweise die Aussage, daß zwei und zwei vier ist.

Diese Gerechtigkeit eben ist es, die die Täuschung *bis zu einem gewissen Grade* so leicht und so verlockend macht. Mit der Vernunft kommt sie nie in Konflikt, weil die Dinge ja tatsächlich so sein könnten, wie der Lügner behauptet. Lügen erscheinen dem Verstand häufig viel einleuchtender und anziehender als die Wirklichkeit, weil der Lügner den großen Vorteil hat, im voraus zu wissen, was das Publikum zu hören wünscht. Er hat seine Schilderung für die Aufnahme durch die Öffentlichkeit präpariert und sorgfältig darauf geachtet, sie glaubwürdig zu machen, während die Wirklichkeit die unangenehme Angewohnheit hat, uns mit dem Unerwarteten zu konfrontieren, auf das wir nicht vorbereitet waren.

Unter normalen Umständen kommt der Lügner gegen die Wirklichkeit, für die es keinen Ersatz gibt, nicht auf; so groß das Gewebe aus Unwahrheiten eines Lügners auch sein mag, es wird doch, selbst wenn er Computer zu Hilfe nimmt, niemals groß genug sein, um die Unendlichkeit des Wirklichen zuzudecken. Der Lügner kann zwar mit beliebig vielen einzelnen Unwahrheiten Erfolg haben, aber er wird die Erfahrung machen, daß er damit nicht durchkommt, wenn er aus Prinzip lügt. Das ist eine der Lehren, die man aus den totalitären Experimenten und aus dem erschreckenden Vertrauen totalitärer Herrscher in die Macht des Lügens ziehen konnte: so z. B. in ihre Fähigkeit, die Geschichte immer wieder umzuschreiben, um die Vergangenheit der ›politischen Linie‹ des Augenblicks anzupassen; oder in ihre Möglichkeit, Fakten auszumerzen, die wie etwa Arbeitslosigkeit in einer sozialistischen Wirtschaft nicht zu ihrer Ideologie passen, indem sie einfach deren Vorhandensein leugnen: der Arbeitslose wird zur Unperson.

Werden solche Experimente von Leuten vorgenommen, denen die Staatsgewalt zur Verfügung steht, so sind die Ergebnisse zwar schrecklich, aber nicht weil die Lüge sich definitiv an die Stelle der Wahrheit gesetzt hätte. Das prinzipielle Lügen der Terror-Regime kann nur erreichen, daß die Unterscheidung von Wahrheit und Unwahrheit überhaupt aus dem Bewußtsein der Menschen verschwindet. Auf Wahrheit oder Unwahrheit kommt es nicht mehr an, wenn das Leben davon abhängt, daß man so handelt, als ob man der Lüge vertraute; dann verschwindet die Tatsachenwahrheit und ihre Verläßlichkeit völlig aus dem öffentlichen Leben, und damit auch der wichtigste stabilisierende Faktor im dauernden Wandel menschlichen Tuns.

Zu den Formen, welche die Kunst des Lügens in der Vergangenheit entwickelt hat, müssen wir jetzt zwei neue Spielarten aus jüngster Zeit hinzufügen. Da ist einmal die scheinbar harmlose Form der Public Relations-Manager in der Regierung, die bei Reklame-Experten in die Lehre gegangen sind. Public Relations sind ein Zweig der Werbung; sie verdanken sich also der Konsumgesellschaft mit ihrem maßlosen Hunger auf Waren, die durch eine Marktwirtschaft an den Mann gebracht werden sollen. Das Mißliche an der Mentalität dieser Leute ist, daß sie es nur mit Meinungen und ›gutem Willen‹ zu tun haben, mit der Bereitschaft zu kaufen: also mit ungreifbaren Dingen, deren konkrete Wirklichkeit minimal ist. Das bedeutet, daß es für ihre Einfälle und Erfindungen tatsächlich keine Grenze zu geben scheint – ihnen fehlt die Macht des Politikers, zu handeln und etwas zu ›schaffen‹, und damit auch die simple Erfahrung, daß die Wirklichkeit der Macht Grenzen setzt und dadurch die Phantasie wieder auf die Erde zurückholt.

Die einzige Grenze, an die ein Public Relations-Mann stößt, liegt in der Entdeckung, daß dieselben Leute, die man vielleicht ›manipulieren‹ kann, eine bestimmte Seife zu kaufen, sich nicht manipulieren lassen – man kann sie natürlich durch Terror dazu zwingen –, Meinungen und politische Ansichten zu ›kaufen‹. Die Lehren von den unbegrenzten Möglichkeiten menschlicher Manipulierbarkeit, die seit geraumer Zeit auf dem Markt der gewöhnlichen und gelehrten Meinungen feilgehalten werden, entsprechen der Mentalität und den Wunschträumen der Werbe-Fachleute. Aber solche Doktrinen ändern nichts daran, wie Menschen sich ihre Meinung bilden, und sie können sie nicht davon abhalten, nach eigenem Wissen und Gewissen zu handeln; außer dem Terror ist die einzige Methode, ihr Verhalten wirksam zu beeinflussen, immer noch das alte Verfahren von Zuckerbrot und Peitsche. Wenn die jüngste Generation von Intellektuellen, die in der verrückten Atmosphäre wildgewordener Werbung aufgewachsen ist und an den Universitäten gelernt hat, daß die Politik zur einen Hälfte aus ›Image-Pflege‹ und zur andern Hälfte aus der gezielten Werbung für dieses ›Image‹ besteht, fast automatisch auf die alte Methode von Zuckerbrot und Peitsche zurückgreift, wann immer die Lage für ›Theorie‹ zu ernst wird, so ist das nicht weiter überraschend. Für sie sollte bei dem Vietnam-Abenteuer die größte Enttäuschung in der Entdeckung liegen, daß es Leute gibt, bei denen auch Zuckerbrot und Peitsche nichts ausrichten.

(Seltsamerweise ist der einzige Mensch, der wahrscheinlich ein ideales Opfer vollständiger Manipulierung darstellt, der Präsident der Vereinigten Staaten. Wegen des ungeheuren Ausmaßes des Amtes muß er sich mit Beratern umgeben, den ›Managern der nationalen Sicherheit‹, wie Richard J. Barnet sie unlängst genannt hat, »die ihre Macht hauptsächlich dadurch ausüben, daß sie die Informationen sieben, die den Präsidenten erreichen, und die Welt für ihn interpretieren«.[4] Fast möchte man behaupten, daß der Präsident, angeblich der mächtigste Mann des mächtigsten Landes, in den USA der einzige Mensch ist, dessen Handlungsspielraum von vornherein alternativ determiniert werden kann. Das ist natürlich nur möglich, weil sich die Exekutive von den legislativen Befugnissen des Kongresses emanzipiert hat. Die Manipulierbarkeit des Präsidenten ist die logische Folge seiner Isolierung in einem Regierungssystem, das nicht mehr funktioniert, wenn dem Senat die Macht genommen wird – oder wenn er sie nur mehr widerstrebend ausübt –, an der Führung der Außenpolitik mit Rat und Tat teilzunehmen. Wie wir heute wissen, besteht eine der Aufgaben des Senates darin, den Entscheidungsprozeß gegen die vorübergehenden Launen und Neigungen der Gesellschaft abzuschirmen, in unserm Falle also gegen die Possenstreiche der Konsumgesellschaft und der Public Relations-Manager, die ihr zu Diensten sind.)

Die zweite Spielart des Lügens kommt zwar im täglichen Leben seltener vor, spielt aber eine wichtige Rolle in den Pentagon-Papieren. Hier begegnen wir einem Typ, der in den oberen Rängen der Beamtenschaft nicht selten ist und der geistig wie moralisch auf

---

[4] Stavins, Barnet, Raskin, *Washington Plans an Aggressive War*, a. a. O., S. 199.

einem erheblich höheren Niveau steht. Diese Leute, die Neil Sheehan so treffend berufsmäßige ›Problem-Löser‹⁵ genannt hat, hat sich die Regierung von den Universitäten und den verschiedenen ›Denkfabriken‹ geholt, damit sie mit Spieltheorien und Systemanalysen sich daran machten, die ›Probleme‹ der Außenpolitik zu lösen. Eine erhebliche Zahl der Autoren der McNamara-Studie gehört dieser Gruppe an; nur ganz wenige von ihnen waren je kritisch, was den Krieg in Vietnam anlangt, und dennoch verdanken wir ihnen diese wahre, wenn auch natürlich nicht vollständige Darstellung dessen, was sich innerhalb der Regierungsmaschinerie abgespielt hat.

Die Problem-Löser hat man als Männer mit großem Selbstvertrauen charakterisiert, die »anscheinend nur selten an ihrem Durchsetzungsvermögen zweifeln«; sie arbeiten mit den Militärs zusammen, von denen es heißt, es seien »Männer, gewohnt zu siegen«.⁶ Bei solchen Leuten findet man gemeinhin kein großes Bemühen um unparteiische Selbstprüfung; um so erstaunlicher, daß durch sie die Versuche der Regierung vereitelt wurden, die Rolle der Verantwortlichen hinter einem Schirm von Geheimniskrämerei zu verbergen (jedenfalls so lange, bis sie ihre Memoiren geschrieben haben – in unserem Jahrhundert die verlogenste Literaturgattung). Die Integrität jener, die den Bericht geschrieben haben, steht außer Zweifel; McNamara konnte in der Tat sicher sein, daß sie einen »umfassenden und objektiven« Bericht liefern würden ohne Rücksicht auf Personen und Interessen.

Diese moralischen Qualitäten, die Bewunderung verdienen, haben sie aber offensichtlich nicht daran gehindert, das Spiel von Täuschung und Unwahrhaftigkeit viele Jahre lang mitzuspielen. Im Vertrauen »auf Rang, Bildung und Leistung«⁷ logen sie vielleicht aus mißverstandenem Patriotismus. Entscheidend ist jedoch, daß sie nicht so sehr für ihr Vaterland und ganz gewiß nicht für sein – niemals gefährdetes – Überleben gelogen haben, sondern für dessen ›Image‹. Trotz ihrer unbezweifelbaren Intelligenz, die von vielen

---

5 *The New York Times, The Pentagon Papers*, Bantam Books 1971, S. XIV. Dieser Aufsatz wurde geschrieben, ehe die vom Government Printing Office und von Beacon Press veröffentlichten Ausgaben erschienen, und basiert daher nur auf der Bantam-Ausgabe.
6 Ebenda.
7 Ebenda.

ihrer Memoranden bezeugt wird, glaubten auch sie, daß Politik nur eine Art von Public Relations sei, und wurden so zu Opfern all der absonderlichen psychologischen Voraussetzungen, die damit zusammenhängen.

Immerhin unterschieden sie sich von den gewöhnlichen Image-Fabrikanten. Der Unterschied liegt darin, daß sie trotz allem Problem-Löser waren; das heißt, sie waren nicht nur intelligent, sondern stolz auf ihre unsentimentale Rationalität, in der Tat in geradezu erschreckendem Maße erhaben über jede ›Gefühlsduselei‹, vor allem aber verliebt in ›Theorien‹. Sie waren eifrig auf der Suche nach Formeln, vorzugsweise Formeln in pseudo-mathematischer Sprache, um damit die gegensätzlichen Phänomene auf einen Nenner zu bringen. Sie waren also eifrig um die Entdeckung von *Gesetzen* bemüht, um mit deren Hilfe politische und geschichtliche Tatsachen zu erklären und vorauszusagen, als ob diese ebenso notwendig und auch so zuverlässig wären wie einst für die Physiker die Naturerscheinungen.

Nun hat aber der Naturwissenschaftler mit Dingen zu tun, die nicht von Menschen gemacht sind oder auf Grund menschlichen Handelns geschehen; man kann mit ihnen nur umgehen – sie beobachten, verstehen und eventuell sogar verändern –, indem man sich peinlich genau an die tatsächliche, einmal gegebene Wirklichkeit hält. Demgegenüber hat es der Historiker wie der Politiker mit menschlichen Angelegenheiten zu tun, mit Gegebenheiten also, die von Menschen gemacht sind und denen gegenüber sie relativ frei sind. Handelnde Menschen werden in dem Maße, wie sie sich als Herren ihrer Zukunft fühlen, immer in Versuchung geraten, sich auch zu Herren ihrer Vergangenheit zu machen. Leute, die Freude am Handeln haben und außerdem in Theorien verliebt sind, werden schwerlich die Geduld des Naturwissenschaftlers aufbringen, der abwartet, bis seine Theorien und Hypothesen von den Tatsachen bestätigt oder widerlegt werden. Sie werden vielmehr versucht sein, die Wirklichkeit – die schließlich ja von Menschen gemacht ist und also auch anders hätte ausfallen können – ihrer Theorie anzupassen, um auf diese Weise wenigstens theoretisch das beunruhigende Moment der Zufälligkeit auszuschließen.

Die Abneigung der Vernunft gegen das Zufällige ist sehr stark.

Hegel, der Vater der modernen Geschichtstheorien, meinte: »Die philosophische Betrachtung hat keine andere Absicht als das Zufällige zu entfernen.« [8] Vieles in dem modernen Arsenal politischer Theorien entspringt dieser tiefsitzenden Abneigung: die Spieltheorien und Systemanalysen, die für ein imaginäres ›Publikum‹ geschriebenen Szenarien und die sorgfältige Aufzählung von gewöhnlich drei ›Möglichkeiten‹, nämlich A, B und C, wobei A und C extreme Gegensätze bedeuten, B aber die mittlere ›logische Lösung‹ des Problems. Das Trügerische solchen Denkens beginnt damit, daß man die Wahl reduziert auf sich gegenseitig ausschließende Alternativen; die Wirklichkeit selber präsentiert uns niemals so sauber die Voraussetzungen für logische Schlüsse. Die Denkweise, die A und C als unerwünscht darstellt und sich daher auf B festlegt, dient kaum einem andern Zweck, als den Verstand abzulenken und die Vielzahl wirklicher Möglichkeiten zu verdecken. Was diese Problem-Löser mit den direkten Lügnern gemein haben, ist das Bestreben, die Tatsachen beiseite zu schieben, und beide glauben, daß dies möglich sein müßte auf Grund der Kontingenz des Tatsächlichen.

In Wahrheit läßt sich das weder durch Theorien noch durch Meinungsmanipulation erreichen – als ließe sich eine Tatsache ein für alle Mal aus der Welt schaffen, wenn nur genug Leute an ihr Nichtvorhandensein glauben. Möglich ist das nur durch radikale Vernichtung: wie bei dem Mörder, der *sagt,* Frau Schmidt sei gestorben, und der dann hingeht und sie umbringt. Im politischen Bereich müßte solche Vernichtung total sein. Unnötig zu betonen, daß es trotz der schrecklichen Zahl von Kriegsverbrechen, die im Laufe des Vietnamkrieges begangen wurden, niemals auf irgendeiner Regierungsebene eine solche Absicht zu totaler Vernichtung gegeben hat. Aber selbst dort, wo eine solche Absicht vorhanden ist, wie seinerzeit bei Hitler und Stalin, müßte man allmächtig sein, um sie zu verwirklichen. Um Trotzkis Rolle in der Geschichte der russischen Revolution auszumerzen, genügt es nicht, ihn zu töten und seinen Namen in allen russischen Dokumenten zu tilgen, solange

---

8 G. W. F. Hegel, *Die Philosophie der Weltgeschichte. Zweiter Entwurf (1830). Die philosophische Weltgeschichte,* in: Hegel, Studienausgabe *in drei Bänden,* Band 1 (Fischer Bücherei 876, 1968), S. 288–307.

man nicht alle seine Zeitgenossen töten und selbstherrlich über Archive und Bibliotheken aller Länder verfügen kann.

II

Daß es in den Pentagon-Papieren hauptsächlich um Verheimlichung, Unwahrheit und bewußte Lüge geht, und nicht um Illusion, Irrtum, Fehlkalkulationen und ähnliches, ist vor allem dem merkwürdigen Umstand zuzuschreiben, daß die falschen Entscheidungen und lügenhaften Aussagen ständig im Widerspruch standen zu den erstaunlich genauen Tatsachenberichten des Geheimdienstes, wie sie in der Bantam-Ausgabe zitiert sind (der ersten amerikanischen Buchausgabe der Papiere). Entscheidend ist hier nicht nur, daß die planmäßigen Lügen kaum je für den Feind bestimmt waren (das ist einer der Gründe, weshalb die Papiere keinerlei militärische Geheimnisse enthalten, die unter das Spionagegesetz fallen könnten), sondern in erster Linie, wenn nicht ausschließlich für den Hausgebrauch: für die Propaganda im Innern und zumal zur Täuschung des Kongresses. Der Tonking-Zwischenfall, bei dem der Feind alle, der Auswärtige Ausschuß des Senats aber keinerlei Tatsachen kannte, ist dafür ein schlagendes Beispiel.

Noch bedeutsamer ist, daß fast alle Entscheidungen bei diesem katastrophalen Unternehmen in voller Kenntnis der Tatsache getroffen wurden, daß sie wahrscheinlich undurchführbar waren; deshalb mußten die Ziele dauernd gewechselt werden. Da gab es zunächst die öffentlich verkündeten Ziele: »... dafür sorgen, daß das Volk von Südvietnam über seine Zukunft entscheiden darf«, oder: »dem Lande helfen, damit es seinen Kampf gegen die ... kommunistische Verschwörung gewinnen kann«; oder es war die Rede von der Eindämmung Chinas und daß der Domino-Effekt vermieden oder Amerikas Ruf als »kontersubversiver Garant« [9] geschützt werden müsse. Unlängst hat Rusk diese Ziele noch um ein weiteres ergänzt: Es sollte ein Dritter Weltkrieg verhindert werden, obwohl

---

9 *The Pentagon Papers*, a. a. O., S. 190.

das anscheinend nicht in den Pentagon-Papieren vorkommt und in dem uns bekannten Verlauf keine Rolle gespielt hat.

Ebenso flexibel waren die taktischen Überlegungen: Nordvietnam wird bombardiert, um »den Zusammenbruch der Moral«[10] im Süden und insbesondere den Sturz der Saigoner Regierung zu verhindern. Als aber die ersten Angriffe beginnen sollten, war die Regierung gestürzt, »in Saigon herrschte Tohuwabohu«, die Angriffe mußten verschoben und ein neuer Zweck gefunden werden.[11] Jetzt sollte »Hanoi dem Vietkong und dem Pathet Lao Einhalt gebieten«, ein Ziel, das nicht einmal der Generalstab zu erreichen hoffte, denn: »Es wäre müßig anzunehmen, daß diese Anstrengungen entscheidende Wirkung haben werden.«[12]

Ab 1965 glaubte man immer weniger an einen eindeutigen Sieg; man strebte danach, »den Feind davon zu überzeugen, daß *er* nicht siegen könne« (Hervorhebung von mir). Da der Feind nicht zu überzeugen war, deklarierte man als nächstes Ziel, man wolle »eine demütigende Niederlage vermeiden« – als ob eine Niederlage im Kriege nichts als Demütigung bedeutete. Die Pentagon-Papiere enthüllen vor allem die nagende Furcht vor den Folgen, die eine Niederlage nicht etwa für das Wohl der Nation, sondern »für das *Ansehen* der Vereinigten Staaten und des Präsidenten« haben würde. So war kurz zuvor während der vielen Debatten, ob der Einsatz von Bodentruppen gegen Nordvietnam ratsam sei, das wichtigste Argument nicht die Angst vor der Niederlage selber oder die Sorge um die Truppen im Falle eines Abzugs, sondern dies: »Sind US-Truppen erst einmal eingesetzt, so wird es schwierig sein, sie abzuziehen..., ohne die Niederlage *zuzugeben*.«[13] (Hervorhebung von mir.) Schließlich gab es noch das politische Ziel, »der Welt zu zeigen, wie weit die Vereinigten Staaten für einen Freund zu gehen bereit sind« und »um Verpflichtungen nachzukommen«.[14]

Alle diese Ziele existierten in einem wirren Neben- und Durcheinander, keines konnte die früheren verdrängen; denn jedes war

10 Ebenda, S. 312.
11 Ebenda, S. 292 f.
12 Ebenda, S. 240.
13 Ebenda, S. 437.
14 Ebenda, S. 434 und 436.

für ein anderes ›Publikum‹ bestimmt, und für jedes mußte ein neues ›Szenarium‹ geschaffen werden. McNaughtons oft zitierte Aufzählung amerikanischer Kriegsziele im Jahre 1965 – »70 Prozent, um eine (für unser Ansehen als Garant) demütigende Niederlage zu vermeiden; 20 Prozent, um Südvietnam (und das angrenzende Gebiet) vor chinesischem Zugriff zu bewahren; 10 Prozent, um dem Volk von Südvietnam ein besseres, nämlich freieres Leben zu ermöglichen« – ist von erfrischender Aufrichtigkeit, aber diese Aufzählung wurde vermutlich gemacht, um etwas Klarheit in die Debatten über die immer bedrückendere Frage zu bringen, warum wir ausgerechnet in Vietnam Krieg führten. In einem früheren Memorandum (1964) hatte McNaughton, vielleicht unabsichtlich, deutlich gemacht, wie wenig er selbst, sogar in jenem frühen Stadium des blutigen Spiels, an die Erreichbarkeit irgendwelcher greifbarer Ziele glaubte: »Im Falle eines Kollapses des Regimes in Süd-Vietnam sollten wir versuchen, es so lange zusammenzuhalten, bis es uns möglich ist, unsere Truppen zu evakuieren und *die Welt davon zu überzeugen,* daß Vietnam ein einzigartiger (und seiner Natur nach unmöglicher) Fall ist.«[15] (Hervorhebung von mir.)

»Die Welt überzeugen«; beweisen, »daß die Vereinigten Staaten ein ›guter Arzt‹ und bereit sind, Versprechen zu halten, hart zu bleiben, Risiken einzugehen, Blut zu lassen und den Feind empfindlich zu treffen«[16]; »eine winzige, rückständige Nation« ohne jede strategische Bedeutung dazu benutzen, »um ein Beispiel zu statuieren, wie die Vereinigten Staaten imstande sind, einer Nation gegen einen kommunistischen ›Befreiungskrieg‹ zu helfen«; das Image »unserer weltweiten Führungsposition«[17] intakt erhalten; »den Willen und die Fähigkeit der Vereinigten Staaten, sich in der Weltpolitik durchzusetzen«[18], beweisen; »die Glaubwürdigkeit unserer Verpflichtungen gegenüber Freunden und Verbündeten« demonstrieren; kurzum, »sich benehmen wie die größte Macht der Welt«, und zwar aus keinem anderen Grund, als die Welt von dieser »schlichten Tatsache« (um Walt Rostow zu zitieren)[19] zu überzeu-

15 Ebenda, S. 368.
16 Ebenda, S. 255.
17 Ebenda, S. 278.
18 Ebenda, S. 600.
19 Ebenda, S. 256.

gen –: das war das einzige konstante Ziel, das von Beginn der Johnson-Regierung an alle anderen Ziele und Theorien verdrängte: die Dominotheorie und die antikommunistische Strategie der ersten Phasen des Kalten Krieges wie auch die Strategie des Gegen-Aufstands, die während der Kennedy-Administration so beliebt gewesen war.

Der Endzweck waren weder Macht noch Profit. Es ging sogar nicht einmal um Einfluß in der Welt im Gefolge ganz bestimmter handfester Interessen, zu deren Durchsetzung man Prestige und Image der »größten Weltmacht« benötigte und zielbewußt einsetzte. Das Ziel, das allen vorschwebte, war das Image selbst, wie man schon der dem Theater entlehnten Sprache der Problem-Löser mit ihren ›Szenarien‹ und dem jeweils angesprochenen ›Publikum‹ entnehmen kann. Im Hinblick auf dieses Endziel verwandelten sich alle politischen Zielsetzungen in kurzfristig austauschbare Hilfsmittel; zuletzt, als alles auf eine Niederlage hindeutete, bestand das Ziel nicht mehr darin, die demütigende Niederlage zu vermeiden, sondern Mittel und Wege zu finden, um ein Eingeständnis zu vermeiden und ›das Gesicht zu wahren‹.

Image-Pflege als Weltpolitik – nicht Welt*eroberung*, sondern Sieg in der Reklameschlacht um die Weltmeinung – ist allerdings etwas Neues in dem wahrlich nicht kleinen Arsenal menschlicher Torheiten, von denen die Geschichte berichtet. Und dies war nicht Sache einer der drittrangigen Nationen, die mit Prahlerei sich gern für anderes entschädigen; auch nicht einer der alten Kolonialmächte, die durch den Zweiten Weltkrieg ihre frühere Stellung eingebüßt haben und sich, wie das Frankreich de Gaulles, versucht fühlen mochten, durch Bluff ihre frühere Führungsstellung zurückzugewinnen, sondern Sache der bei Kriegsende in der Tat ›führenden‹ Nation. Gewählte Machthaber, die den Organisatoren ihrer Wahlkampagnen so viel verdanken oder zu verdanken *glauben*, mögen leicht der Ansicht sein, daß man mit Manipulationen die Volksmeinung lenken und die Welt beherrschen könne. (Wenn vor einiger Zeit der ›New Yorker‹ unter ›Notes and Comment‹ berichtete, »die Regierung Nixon-Agnew plane eine von Herb Klein, ihrem Public-Relations-Direktor, organisierte und geleitete Kampagne, um die ›Glaubwürdigkeit‹ der Presse vor der Präsidentenwahl von

1972 zu zerstören«, so entspricht das ganz dieser Public Relations-Mentalität.) [20]

Überraschend dagegen ist der Eifer, mit dem so viele ›Intellektuelle‹ diesem phantastischen Unternehmen zu Hilfe eilten. Für Problem-Löser, die darauf spezialisiert sind, jeden Tatbestand in Zahlen und Prozente zu übersetzen und so berechenbar zu machen, ist es aber vielleicht nur natürlich, daß ihnen nie zu Bewußtsein kam, welch unsägliches Elend ihre ›Lösungen‹ – Befriedungs- und Umsiedlungsprogramme, Entlaubung, Napalm und Bomben – für einen ›Freund‹ bedeuteten, der ›gerettet‹ werden mußte, und für einen ›Feind‹, der, bevor wir ihn angriffen, weder den Willen noch die Macht hatte, unser Feind zu sein. Da sie jedoch nicht an Sieg und Eroberung, sondern an die Weltmeinung dachten, ist es schon erstaunlich, daß anscheinend keiner von ihnen auf die Idee kam, die ›Welt‹ könnte Angst vor Amerikas Freundschaft und Verpflichtungen bekommen, wenn deren ganzes Ausmaß offenkundig würde. Weder die Wirklichkeit noch der gesunde Menschenverstand scheint die Problem-Löser gestört zu haben, als sie unermüdlich ihre Szenarien für das jeweils in Frage kommende Publikum schrieben, um es psychologisch zu beeinflussen: »die Kommunisten (die unter starken Druck gesetzt werden müssen), die Südvietnamesen (deren Moral Auftrieb bekommen muß), unsere Verbündeten (die uns als ›Bürgen‹ trauen müssen) und die amerikanische Öffentlichkeit (die den riskanten Einsatz von Prestige und Menschenleben der US unterstützen muß)«.[21]

Heute wissen wir, in welchem Umfang alle diese Gruppen falsch beurteilt wurden. So schreibt Richard J. Barnet in seinem vortrefflichen Beitrag zu dem Buch ›*Washington Plans an Aggressive War*‹: »Der Krieg wurde zur Katastrophe, weil die Manager der nationalen Sicherheit alle Gruppen falsch beurteilten.« [22] Das größte und in der Tat fundamentale Fehlurteil bestand jedoch darin, daß man Krieg führte, um auf ein Publikum Eindruck zu machen, und daß man über militärische Fragen unter »politischen und Public

20 ›The New Yorker‹, 10. 7. 1971.
21 *The Pentagon Papers*, a. a. O., S. 436 und 438.
22 Stavins, Barnet, Raskin, *Washington Plans an Aggressive War*, a. a. O., S. 209.

Relations-Gesichtspunkten« entschied (wobei ›politisch‹ die Aussicht auf die nächste Präsidentenwahl und ›Public Relations‹ das Image der USA in der Welt bedeuteten); in Betracht gezogen wurden nicht die wirklichen Risiken, sondern nur »geeignete Reklametechniken, mit deren Hilfe man den Schock einer Niederlage auf ein Minimum zu reduzieren hoffte«; zu diesem Zweck empfahl man neben »Ablenkungs-›Offensiven‹ in anderen Ländern der Welt« auch ein ›Kampf gegen die Armut‹-Programm für unterentwickelte Gebiete«.[23] McNaughton, dem Verfasser dieses Memorandums, zweifellos einem ungewöhnlich intelligenten Mann, kam nicht ein Augenblick der Gedanke, daß seine ›Ablenkungen‹, anders als eine Ablenkung im Theater, schwerwiegende und völlig unvorhersehbare Folgen haben würden; sie würden eben jene Welt verändern, in der die Vereinigten Staaten agierten und ihren Krieg führten.

Diese Realitätsferne ist es, die den Leser erschreckt, wenn er die Geduld hat, die Pentagon-Papiere bis zum Ende zu lesen. Richard J. Barnet bemerkt dazu in dem erwähnten Aufsatz: »Das bürokratische Modell hatte die Wirklichkeit vollständig ersetzt: die nüchternen Fakten und Sachverhalte, welche so viele Geheimdienste unter so hohen Kosten zusammengetragen hatten, wurden nicht zur Kenntnis genommen.«[24] Ich bin nicht sicher, daß das Übel der Bürokratie als Erklärung ausreicht, obwohl sie zweifellos zu dieser ›Entwirklichung‹ beigetragen hat. Jedenfalls ist das Verhältnis oder vielmehr Nicht-Verhältnis zwischen Wirklichkeit und Entscheidung, zwischen den Geheimdiensten und den zivilen und militärischen Behörden vielleicht das bedeutsamste, bestimmt jedoch das am besten gehütete Geheimnis, das die Pentagon-Papiere enthüllt haben.

Es wäre interessant zu wissen, wie es den Geheimdiensten gelungen ist, in dieser ›Alice-im-Wunderland-Atmosphäre‹ der Wirklichkeit so nahe zu bleiben – eine Atmosphäre, die die Papiere den seltsamen Machenschaften der Saigoner Regierung zuschreiben, die aber, rückblickend, eher jene ›entwirklichte‹ Welt zu charakterisieren scheint, in der politische Ziele aufgestellt und militärische Entscheidungen getroffen wurden. Denn zu Anfang war die Rolle,

---

23 *The Pentagon Papers*, a. a. O., S. 438.
24 Stavins, Barnet, Raskin, *Washington Plans an Aggressive War*, a. a. O., S. 24.

welche die Geheimdienste in Südostasien spielten, alles andere als verheißungsvoll. Aus den ersten Jahren der Regierung Eisenhower, als die Exekutive noch glaubte, sie benötige die Zustimmung des Kongresses, um Krieg zu führen, findet sich in den Pentagon-Papieren die Entscheidung, sich auf eine ›heimliche Kriegsführung‹ einzulassen. Eisenhower war noch altmodisch genug, an die Verfassung zu glauben. Er konferierte mit führenden Kongreßmitgliedern und entschied sich gegen ein offenes Eingreifen, weil man ihm gesagt hatte, der Kongreß würde eine solche Entscheidung nicht unterstützen.[25] Als dann seit der Regierung Kennedy »offene Kriegführung«, d. h. die Entsendung von Kampftruppen erörtert wurde, »wurde die Frage einer Zustimmung des Kongresses zu offenen Kriegshandlungen gegen eine souveräne Nation niemals ernstlich gestellt«.[26] Selbst als unter Johnson ausländische Regierungen über unsere Pläne für die Bombardierung Nordvietnams ausführlich unterrichtet wurden, scheint eine ähnliche Information von Führern des Kongresses oder eine Beratung mit ihnen niemals stattgefunden zu haben.[27]

Während Eisenhowers Amtszeit wurde die Saigoner Militärmission unter Oberst Lansdale gebildet; sie hatte den Auftrag, »paramilitärische Operationen zu unternehmen... und den Krieg mit politisch-psychologischen Mitteln zu führen«. Das bedeutet in der Praxis, daß man Flugblätter druckte, um Lügen zu verbreiten, die man fälschlich der andern Seite unterschob; daß man irgendwelche schädliche Chemikalien in die Motoren der Autobusgesellschaft in Hanoi schüttete, bevor die Franzosen aus dem Norden abrückten; daß man »Englischkurse für die Mätressen wichtiger Persönlichkeiten« organisierte und ein Team von vietnamesischen Astrologen anheuerte.[28] Diese absurden Spielereien fanden ein Ende, als in den frühen sechziger Jahren das Militär die Verantwortung übernahm. Nach der Regierungszeit Kennedys rückte man von der Doktrin des ›Gegen-Aufstandes‹ ab – vielleicht, weil sich während des Sturzes von Diem herausstellte, daß die von der CIA finanzier-

25 *The Pentagon Papers*, a. a. O., S. 5 und 11.
26 Ebenda, S. 268.
27 Ebenda, S. 334 f.
28 Ebenda, S. 15 ff.

ten vietnamesischen Sondertruppen »praktisch die Privatarmee von Mr. Nhu geworden waren«.[29]

Die mit Tatsachenfindung betrauten Abteilungen der Geheimdienste hatten nichts mit den geheimen Operationen zu tun, soweit solche noch im Gange waren; das bedeutete, daß wenigstens sie nur für das Sammeln und Interpretieren von Informationen verantwortlich waren, nicht aber selber neue Tatbestände schufen. Sie mußten keine positiven Ergebnisse vorweisen und wurden von Washington nicht gedrängt, erfreuliche Berichte zu liefern, mit denen man die Maschine der Public Relations füttern oder Märchen über »stetigen Fortschritt, geradezu wundersame Verbesserungen jahrein, jahraus« zusammenbrauen konnte.[30] Sie waren relativ unabhängig, was dazu führte, daß sie die Wahrheit berichteten – jahrein, jahraus. Anscheinend erzählten in diesen Geheimdiensten die Leute »ihren Vorgesetzten (nicht) das, von dem sie glaubten, daß es diese zu hören wünschten«; auch hat offenbar kein Kommandeur seinen Agenten gesagt, was »ein amerikanischer Divisionskommandeur einem seiner Bezirksberater sagte, der unbedingt über immer noch vorhandene unbefriedete Vietkongdörfer in seinem Gebiet berichten wollte: ›Mein Junge, hierzulande bewertet man unsere Leistungen nach unserem eigenen Zeugnis. Warum lassen Sie uns im Stich?‹« [31] Anscheinend waren die für die Auswertung des Nachrichtenmaterials Verantwortlichen von den Problem-Lösern und deren Verachtung für Tatsachen und das Zufällige solcher Tatsachen meilenweit entfernt. Der Preis, den sie für diese objektiven Vorzüge zahlten, bestand darin, daß ihre Berichte ohne jeden Einfluß auf die Entscheidungen und Vorschläge des Nationalen Sicherheitsrates blieben.

Seit dem Ende der Regierung Kennedy ist die einzige erkennbare Spur der Periode heimlicher Kriegführung die berüchtigte »Provokations-Strategie«, das heißt ein ganzes Programm von »wohlüberlegten Versuchen, die Demokratische Republik von (Nord-)Vietnam zu Handlungen zu provozieren, auf die man dann mit einer systematischen Luftkampagne antworten könnte«.[32] Solche Taktik

29 Ebenda, S. 166.
30 Ebenda, S. 24.
31 Ellsberg, ›The Quagmire Myth and the Stalemate Machine‹, a. a. O., S. 263.
32 *The Pentagon Papers*, a. a. O., S. 313.

gehört nicht zu den Kriegslisten. Sie ist typisch für die Geheimpolizei und war in der Endphase des zaristischen Rußlands berüchtigt, als die Spitzel der Ochrana, indem sie spektakuläre Attentate inszenierten, »gegen ihren Willen den Ideen derer nützten, die sie denunzierten«.[33]

III

Zwischen den Tatsachen, die von den Geheimdiensten ermittelt wurden – manchmal (so vor allem im Fall McNamaras) von den zur Entscheidung Berufenen selber, und zumeist der informierten Öffentlichkeit bekannt –, und den Prämissen, Theorien und Hypothesen, aufgrund derer schließlich Entscheidungen getroffen wurden, klaffte ein Abgrund. Das Ausmaß unserer Fehlschläge und Katastrophen in all diesen Jahren kann man nur begreifen, wenn man diese Diskrepanz stets vor Augen hat. Ich werde deshalb den Leser an einige hervorstechende Beispiele erinnern.

Was die Dominotheorie betrifft, die zuerst 1950[34] formuliert wurde: Als Präsident Johnson 1964 fragte: »Würde der Rest Südostasiens notwendigerweise verlorengehen, wenn Laos und Südvietnam unter nordvietnamesische Kontrolle gerieten?« lautete die Antwort der CIA: »Mit der möglichen Ausnahme Kambodschas wird wahrscheinlich als Folge des Falles von Laos und Südvietnam keine Nation in jenem Gebiet rasch dem Kommunismus anheimfallen.«[35] Als fünf Jahre später die Regierung Nixon die gleiche Frage stellte, »antwortete die Central Intelligence Agency, ... daß (die Vereinigten Staaten) sich sofort aus Südvietnam zurückziehen könnten und sich mindestens eine weitere Generation hindurch in ganz Südostasien nichts ändern würde«.[36] Den Pentagon-Papieren zufolge »haben anscheinend nur der Generalstab, Mr. Rostow und General Taylor die Dominotheorie wortwörtlich genommen«.[37] Das

[33] Maurice Laporte, *L'Histoire de l'Okhrana* (Paris 1935), S. 25.
[34] *The Pentagon Papers*, a. a. O., S. 6.
[35] Ebenda, S. 254.
[36] Die ›Sun-Times‹, zitiert von der ›New York Times‹, ›The Week in Review‹, 27. 6. 1971.
[37] *The Pentagon Papers*, a. a. O., S. 254.

aber hat nicht verhindert, daß auch diejenigen, die diese Theorie nicht akzeptierten, sich gleichwohl nicht nur in öffentlichen Erklärungen, sondern auch in ihren internen Vorschlägen auf sie stützten.

Was die Behauptung betrifft, die Aufständischen in Südvietnam würden »von außen durch eine kommunistische Verschwörung gelenkt und unterstützt«: Die Geheimdienste nahmen 1961 an, »daß 80 bis 90 Prozent des schätzungsweise 17 000 Mann starken Vietkong an Ort und Stelle rekrutiert werden, und es gibt kaum Beweise, daß der Vietkong auf Hilfslieferungen von außen rechnet«.[38] Drei Jahre später war die Lage unverändert. Einer Geheimdienstanalyse von 1964 zufolge »liegen die wichtigsten Quellen kommunistischer Stärke in Südvietnam selber«.[39] Mit anderen Worten: die grundlegende Tatsache, daß in Südvietnam ein *Bürgerkrieg* herrschte, war in den Kreisen, die Entscheidungen trafen, nicht unbekannt. Hatte nicht Senator Mansfield schon im Jahre 1962 Kennedy gewarnt, die Entsendung weiterer militärischer Verstärkung nach Südvietnam würde bedeuten, »daß die Amerikaner in einem Bürgerkrieg eine entscheidende Rolle spielen würden ... (was) dem amerikanischen Prestige in Asien schaden und zudem den Südvietnamesen nicht dazu verhelfen würde, auf eigenen Füßen zu stehen«?[40]

Trotzdem wurden die Bombenangriffe auf Nordvietnam teilweise deshalb begonnen, weil die Theorie besagte, »eine Revolution könnte durch das Abschneiden auswärtiger Hilfs- und Nachschubquellen zum Erliegen gebracht werden«. Die Bombenangriffe sollten angeblich Nordvietnams »Willen brechen«, die Rebellen im Süden zu unterstützen, obwohl die zur Entscheidung Berufenen (in diesem Falle McNaughton) genug über den einheimischen Ursprung des Aufstandes wußten, um zu bezweifeln, daß der Vietkong »einem klein beigebenden« Nordvietnam[41] gehorchen würde, während der Generalstab überhaupt nicht daran glaubte, »daß diese Maßnahmen entscheidenden Einfluß« auf Hanois Kampfwillen ha-

---

38 Ebenda, S. 98.
39 Ebenda, S. 242.
40 Ellsberg, ›The Quagmire Myth and the Stalemate Machine‹, a. a. O., S. 247.
41 *The Pentagon Papers*, a. a. O., S. 433.

ben würden.⁴² Einem Bericht McNamaras zufolge waren Mitglieder des Nationalen Sicherheitsrates 1965 übereingekommen, daß Nordvietnam »wahrscheinlich nicht aussteigen würde... und jedenfalls eher wegen eines Versagens des Vietkongs im Süden als infolge von Bombenschäden im Norden aufgeben würde«.⁴³

Schließlich gab es noch – zweitrangig nur gegenüber der Dominotheorie – die grandiosen strategischen Entwürfe, die auf der Annahme einer einheitlich geleiteten kommunistischen Weltverschwörung und – neben der Hypothese von einem chinesischen Expansionsdrang – der Existenz eines chinesisch-sowjetischen Blocks beruhen. Die Vorstellung, China müsse »eingedämmt« werden, ist 1971 von Präsident Nixon selbst verworfen worden; aber schon vor über vier Jahren schrieb McNamara: »Soweit unser ursprüngliches Eingreifen und unsere derzeitigen Aktionen in Vietnam von der Erkenntnis der Notwendigkeit motiviert sind, der chinesischen Expansion in Asien eine Grenze zu setzen, ist unser Ziel bereits erreicht.«⁴⁴ Dabei hatte er nur zwei Jahre vorher erklärt, daß das Ziel der Vereinigten Staaten in Südvietnam »nicht war, ›einem Freund zu helfen‹, sondern China einzudämmen«.⁴⁵

Die Kritiker des Krieges haben von Anfang an alle diese Theorien öffentlich gebrandmarkt, weil sie offensichtlich mit bekannten Tatsachen kollidierten: das Nichtvorhandensein eines chinesisch-sowjetischen Blockes war jedem bekannt, der mit der Geschichte der chinesischen Revolution und Stalins entschlossenem Widerstand dagegen vertraut ist; oder die seit dem Ende des Zweiten Weltkrieges eingetretene Zersplitterung der kommunistischen Bewegung. Einige Kritiker gingen noch weiter und stellten eine eigene Theorie auf: Amerika, als stärkste Macht aus dem Zweiten Weltkrieg hervorgegangen, habe sich auf eine konsequente imperialistische Politik eingelassen, deren letztes Ziel die Weltherrschaft sei. Der Vorteil dieser Theorie war, daß sie das Fehlen jeglichen nationalen Interesses bei dem ganzen Unternehmen erklären konnte – das Merkmal imperialistischer Ziele ist ja immer gewesen, daß sie von nationalen

---

42 Ebenda, S. 240 f.
43 Ebenda, S. 407.
44 Ebenda, S. 583.
45 Ebenda, S. 342.

Interessen und territorialen Grenzen weder bestimmt noch begrenzt sind. Allerdings konnte diese Theorie schwerlich die Tatsache erklären, daß Amerika verrückterweise darauf bestand, »seine Mittel an der falschen Stelle in das Gully zu schütten« (wie George Ball es ausgedrückt hat; der stellvertretende Außenminister der Regierung Johnson war der einzige Ratgeber, der das Tabu zu durchbrechen und den sofortigen Abzug bereits 1965 zu empfehlen wagte).[46]

Offensichtlich handelte es sich hier nicht darum, »mit begrenzten Mitteln extreme Ziele zu erreichen«.[47] Kann man es extrem nennen, wenn eine ›Supermacht‹ ein weiteres kleines Land der Kette der von ihr abhängigen Staaten hinzufügen oder eine »winzige rückständige Nation« besiegen will? Hier wurden im Gegenteil extreme Mittel aufgeboten, um in einem strategisch und politisch nebensächlichen Gebiet geringfügige Zwecke zu erreichen. Eben dieser Eindruck verbohrter Ziellosigkeit brachte schließlich, wie McNaughton 1967 schrieb, die Nation zu der »weitverbreiteten und festen Überzeugung, daß das ›Establishment‹ den Verstand verloren hat. Man meint nachgerade, wir versuchten, fernen Völkern, die wir nicht begreifen können, irgendein US-Image aufzuprägen ..., und wir gingen in dieser Sache absurd weit.«[48]

Die Bantam-Ausgabe der Pentagon-Papiere enthält jedenfalls nichts, was die Theorie einer grandiosen imperialistischen Strategie stützen könnte. Nur zweimal wird die Bedeutung von Land-, See- und Luftstützpunkten erwähnt, die für eine imperialistische Strategie so entscheidend sind: Einmal vom Generalstab mit dem Hinweis, »unsere Kräfte für begrenzte Kriege« würden »fühlbar reduziert« werden, falls ein »Verlust des südostasiatischen Festlandes« den Verlust von »Land-, See- und Luftstützpunkten« im Gefolge hätte.[49] Und das andere Mal in McNamaras Bericht von 1964, wo es ausdrücklich heißt: »Wir benötigen (Südvietnam) *nicht* als westlichen Stützpunkt oder als Mitglied eines westlichen Bündnisses« (Hervorhebung von mir).[50] Die einzigen öffentlichen Erklä-

---

46 Ebenda, S. 414.
47 Ebenda, S. 584.
48 Ebenda, S. 534.
49 Ebenda, S. 153.
50 Ebenda, S. 278.

rungen der amerikanischen Regierung zu jener Zeit, die wirklich die Wahrheit sagten, waren die wiederholten Behauptungen – sie klangen freilich viel weniger plausibel als andere, unwahre Public Relations-Äußerungen –, daß wir keinen Gebietszuwachs oder sonstige greifbare Gewinne suchten.

Damit soll nicht gesagt sein, daß nach dem Zusammenbruch der alten Kolonialmächte eine wirkliche amerikanische Weltpolitik mit imperialistischem Einschlag unmöglich gewesen wäre. Die Pentagon-Papiere, im allgemeinen so bar aller spektakulären Neuigkeiten, enthüllten einen Vorgang (meines Wissens war von ihm immer nur gerüchtweise die Rede), der zu beweisen scheint, welche beträchtlichen Chancen es für eine globale Politik gab, die dann jedoch zugunsten von Image-Pflege und psychologischer Kriegsführung verspielt wurden. Dem Telegramm eines amerikanischen Diplomaten in Hanoi zufolge schrieb Ho Tschi Minh 1945 und 1946 mehrere Briefe an Truman, in denen er die Vereinigten Staaten ersuchte, »den Plan einer Unabhängigkeit Annams nach dem *Beispiel der Philippinen* zu unterstützen und Schritte zu unternehmen, die für die Erhaltung des Weltfriedens nötig seien; dieser werde gefährdet durch die französischen Bemühungen, Indochina zurückzuerobern« (Hervorhebung von mir).[51] Zwar wurden ähnliche Briefe auch an andere Länder – China, Rußland und Großbritannien – gerichtet, doch hätte keines von diesen gerade damals den erbetenen Schutz gewähren können, der Indochina zu der gleichen halbautonomen Stellung wie andern Schutzstaaten Amerikas verholfen hätte. Ein zweiter, ebenso bemerkenswerter Vorfall, den die ›Washington Post‹ seinerzeit erwähnt zu haben scheint, wurde in den vom Außenministerium im August 1969 veröffentlichten Dokumenten ›Special China Series‹ festgehalten, einem größeren Publikum aber erst durch die Berichte von Terence Smith in der ›New York Times‹ bekannt. Mao und Tschu En-lai, so stellt sich heraus, sind im Januar 1945 an Roosevelt herangetreten »mit dem Versuch, Beziehungen zu den Vereinigten Staaten herzustellen, um eine totale *Abhängigkeit von der Sowjetunion zu vermeiden*« (Hervorhebung von mir). Ho Tschi Minh scheint nie eine Antwort bekommen zu haben, und

---

51 Ebenda, S. 26.

Mitteilungen über den chinesischen Schritt wurden unterdrückt, weil er, wie Professor Allen Whiting dazu bemerkt, »dem Bild eines monolithischen, von Moskau aus gelenkten Kommunismus« widersprach.[52]

Zwar kannten Leute in der Regierung sicherlich die Tatsachenberichte der Geheimdienste, die sie Tag für Tag gleichsam aus ihrem Bewußtsein ausmerzen mußten. Doch halte ich es durchaus für möglich, daß ihnen diese früheren Dokumente unbekannt waren, die alle ihre Voraussetzungen als unwahr erwiesen hätten, ehe sie sich in Theorien verfestigen und das Land ruinieren konnten. Gewisse seltsame Begleitumstände bei der ungewöhnlichen und unerwarteten Veröffentlichung dieser Geheimdokumente weisen in diese Richtung. Es ist verblüffend, daß an dieser Studie jahrelang gearbeitet werden konnte, während man im Weißen Haus, im Außen- und im Verteidigungsministerium davon keinerlei Notiz nahm. Noch verblüffender ist jedoch, daß das Weiße Haus und das Außenministerium, nachdem die Studie fertiggestellt und überall in der Ministerialbürokratie verbreitet worden war, außerstande waren, auch nur den Verbleib der siebenundvierzig Bände festzustellen. Was beweist, daß diejenigen, welche der Inhalt der Studie am meisten anging, sie niemals auch nur angesehen hatten.

Das wirft einiges Licht auf die Gefahren übermäßiger Geheimhaltung: nicht nur wird dem Volk und seinen gewählten Vertretern Zugang zu dem verwehrt, was sie wissen müssen, um sich eine Meinung zu bilden und Entscheidungen zu treffen; auch die Handelnden selber, die zu allem Zugang erhalten, damit sie sich über alle wesentlichen Tatsachen informieren können, bleiben in seliger Ahnungslosigkeit befangen. Das aber nicht etwa, weil eine unsichtbare Hand sie absichtlich irreführte, sondern weil sie ihre Arbeit unter Umständen und mit Denkgewohnheiten verrichten, bei denen sie weder Zeit noch Lust haben, sich auf die Suche nach den einschlägigen Tatsachen in Bergen von Dokumenten zu machen, von denen 99,5 Prozent überhaupt nicht für geheim erklärt werden

---

52 ›The New York Times‹, 29. 6. 1971. Mr. Smith zitiert Prof. Whitings Aussage vor dem Auswärtigen Ausschuß über das Dokument, das in *Foreign Relations of the United States: Diplomatic Papers 1945*, Vol. VII: *The Far East. China* (Government Printing Office 1969), auf S. 209 abgedruckt ist.

sollten und die größtenteils praktisch wertlos sind. Selbst heute, da die Presse einen gewissen Teil dieser geheimen Dokumente der Öffentlichkeit zugänglich gemacht hat und die Mitglieder des Kongresses die ganze Studie erhalten haben, sieht es nicht so aus, als hätten diejenigen, die diese Information am dringendsten brauchen, sie überhaupt gelesen oder als würden sie das jemals tun. Auf jeden Fall steht fest, daß, abgesehen von den Autoren selber, »die Leute, die diese Dokumente in der ›Times‹ gelesen haben, die ersten waren, die sie studiert haben« (Tom Wicker)[53]; was einem die liebgewordene Vorstellung fragwürdig erscheinen läßt, daß die Regierung zumindest in der Außenpolitik der *arcana imperii* benötige, um funktionsfähig zu bleiben.

Wenn die Staatsgeheimnisse die Köpfe der Akteure selber so vernebelt haben, daß sie die Wahrheit hinter ihren Täuschungsmanövern und ihren Lügen nicht mehr erkennen oder sich an sie erinnern, dann wird das ganze Täuschungsvorhaben, wie gut auch immer seine »Marathon-Informationskampagnen« (Rusk) und wie raffiniert ihre Reklamemethoden sein mögen, scheitern oder das Gegenteil bewirken, d. h. es wird die Leute verwirren, ohne sie zu überzeugen. Das Mißliche am Lügen und Betrügen ist nämlich, daß die Wirkung ganz davon abhängt, daß der Lügner und Betrüger eine klare Vorstellung von der Wahrheit hat, die er verbergen möchte. In diesem Sinne ist die Wahrheit, auch wenn sie sich in der Öffentlichkeit nicht durchsetzt, allen Unwahrheiten unweigerlich überlegen.

Im Falle von Vietnam haben wir es neben Unwahrheiten und Verwirrung mit einer wahrhaft verblüffenden und durchaus ehrlichen Unkenntnis des wichtigen geschichtlichen Hintergrundes zu tun: die eigentlichen Akteure scheinen nicht nur nichts über die wohlbekannten Tatsachen der chinesischen Revolution und über den ihr vorausgehenden jahrzehntealten Konflikt zwischen Moskau und Peking zu wissen. »Niemand an der Spitze wußte oder hielt es für wichtig, daß die Vietnamesen seit beinahe 2000 Jahren gegen ausländische Eindringlinge gekämpft haben«,[54] und daß die Vorstel-

[53] ›The New York Times‹, 8. 7. 1971.
[54] Stavins, Barnet, Raskin, *Washington Plans an Aggressive War*, a. a. O., S. 246.

lung von der »winzigen rückständigen Nation«, die für »zivilisierte« Nationen uninteressant ist – leider sind auch die Kritiker des Krieges häufig dieser Ansicht –, in schreiendem Widerspruch zu der sehr alten und hochstehenden Kultur dieses Gebietes steht. Vietnam fehlt es nicht an Kultur, sondern an strategischer Bedeutung (in Indochina »gibt es keine entscheidenden militärischen Ziele«, wie eine Aufzeichnung des Generalstabs 1954 feststellte) [55], an einem für moderne mechanisierte Truppen geeigneten Gelände und lohnenden Zielen für die Luftwaffe. Die Ursache der katastrophalen Niederlage der Politik und der militärischen Intervention Amerikas war wirklich kein ›Morast‹ (»die Methode des ›nur noch einen Schritt‹ – wobei jeder neue Schritt stets den Erfolg verheißt, den der vorausgegangene *letzte Schritt* ebenfalls *verheißen,* aber unerklärlicherweise nicht gebracht hatte«, wie Arthur Schlesinger jr. schreibt, den Daniel Ellsberg zitiert, wobei er diese Vorstellung mit Recht als »Mythos« abtut) [56]; die Ursache war vielmehr die eigensinnig festgehaltene prinzipielle Mißachtung aller historischen, politischen und geographischen Tatsachen mehr als fünfundzwanzig Jahre lang.

IV

Wenn das Bild vom Morast ein Mythos ist; wenn sich weder grandiose strategische Entwürfe imperialistischer Art noch ein Wille zur Weltherrschaft entdecken lassen, ganz zu schweigen von einem Interesse an Gebietszuwachs, von Profitgier oder gar von Sorge um die nationale Sicherheit; wenn zudem der Leser keine Neigung verspürt, sich mit so allgemeinen Begriffen wie »griechische Tragödie« (Max Frankel und Leslie H. Gelb) oder mit Dolchstoßlegenden zufriedenzugeben –: dann wird – eher als Lüge und Irreführung an sich – die unlängst von Ellsberg aufgeworfene Frage »*Wie konnten sie nur?*« [57] zum Kernproblem dieser trostlosen Geschichte. Schließlich ist es ja nur zu wahr, daß die Vereinigten Staaten am

---

[55] *The Pentagon Papers,* a. a. O., S. 2.
[56] Ellsberg, ›The Quagmire Myth and the Stalemate Machine‹, a. a. O., S. 219.
[57] Ebenda, S. 235.

Ende des Zweiten Weltkrieges das reichste Land und die dominierende Macht waren, während heute, nur ein Vierteljahrhundert später, Mr. Nixons Bild von dem »jämmerlichen, hilflosen Riesen« eine unangenehm treffende Schilderung des »mächtigsten Landes auf Erden« ist.

Bei einer Waffenüberlegenheit von 1000 : 1 [58] unfähig, in sechs Jahren offener Kriegführung eine kleine Nation zu besiegen; unfähig auch, mit den Problemen im eigenen Lande fertigzuwerden und den raschen Verfall der Großstädte aufzuhalten; an einem Punkt angelangt, wo die infolge sinnloser Verschwendung eingetretene Inflation und Währungsabwertung seine Position auf dem Weltmarkt ebenso wie den Lebensstandard im Innern bedrohen – läuft Amerika Gefahr, viel mehr zu verlieren als nur den Anspruch auf die Führung der Welt. Auch wenn man das Urteil künftiger Historiker vorwegnimmt, die diese Entwicklung vielleicht im Rahmen der Geschichte des 20. Jahrhunderts sehen werden, in dessen Verlauf die in zwei Weltkriegen geschlagenen Nationen es fertigbrachten, im Konkurrenzkampf mit den Siegern erfolgreich zu bleiben (hauptsächlich weil sie von den Siegern gezwungen waren, auf Aufrüstung zu verzichten) – auch dann fällt es schwer, sich mit dieser phantastisch kostspieligen Demonstration der dem Riesenhaften inhärenten Ohnmacht abzufinden – obschon diese unerwartete Wiederkehr von Davids Sieg über Goliath in einem so großen Maßstab auch etwas Erfreuliches hat.

Als erste Antwort auf die Frage »Wie konnten sie nur?« wird einem vermutlich der bekannte Zusammenhang zwischen Täuschung und Selbsttäuschung in den Sinn kommen. Im Widerstreit zwischen den stets überoptimistischen öffentlichen Erklärungen und den düsteren und unheilschwangeren, aber wirklichkeitsnahen Berichten der Geheimdienste mußten die öffentlichen Erklärungen wahrscheinlich einfach deshalb die Oberhand gewinnen, weil sie öffentlich waren. Der große Vorteil, den öffentlich verkündete und akzeptierte Aussagen gegenüber allem haben, was ein einzelner insgeheim als Wahrheit kennt oder zu kennen glaubt, wird durch eine Anek-

---

[58] Stavins, Barnet, Raskin, *Washington Plans an Aggressive War*, a. a. O., S. 248.

dote aus dem Mittelalter treffend illustriert: Eine Schildwache auf Posten, die die Bewohner der Stadt vor herannahenden Feinden warnen sollte, schlug aus Spaß blinden Alarm und eilte dann selbst als letzte zu den Mauern, um die Stadt gegen die von ihr erfundenen Feinde zu verteidigen. Was den Schluß nahelegt, daß, je erfolgreicher einer lügt und je mehr Menschen er überzeugt, desto mehr Aussicht besteht, daß er am Ende an seine eigenen Lügen glaubt.

Bei der Lektüre der Pentagon-Papiere stoßen wir auf Leute, die ihr Äußerstes taten, um die Menschen zu überzeugen, d. h. sie zu manipulieren; da sie dies aber in einem freien Lande versuchten, wo Informationen aller Art zur Verfügung standen, hatten sie niemals wirklich Erfolg. Dank ihrem relativ hohen Rang und ihrer Stellung in der Regierung waren sie – trotz aller privilegierten Kenntnis von ›Staatsgeheimnissen‹ – gegen die Tatsachenberichte der Presse, die mehr oder minder der Wahrheit entsprachen, besser ›geschützt‹ als jene, die sie zu überzeugen versuchten und die sie sich vermutlich als bloßes ›Publikum‹ vorstellten, als Nixons ›schweigende Mehrheit‹, die akzeptiert, was immer die Regisseure ihnen vorsetzen. Daß die Pentagon-Papiere kaum eine spektakuläre Neuigkeit enthüllt haben, macht deutlich, wie sehr es den Lügnern mißlungen ist, sich eine überzeugte Zuhörerschaft zu schaffen, der sie sich dann selber hätten anschließen können.

Dennoch ist der Vorgang, den Ellsberg die »innere Selbsttäuschung« genannt hat, nicht zu bezweifeln, aber es sieht so aus, als sei der normale Prozeß der Selbsttäuschung umgekehrt verlaufen; es war nicht so, daß es mit Täuschung begann und mit Selbsttäuschung endete. Die Betrüger fingen mit Selbstbetrug an. Wohl dank ihrer hohen Position und ihrer erstaunlichen Selbstsicherheit waren sie von ihrem überwältigenden Erfolg – nicht auf dem Schlachtfeld, sondern auf dem Feld der Public Relations – so überzeugt und der Richtigkeit ihrer psychologischen Theorien über die Manipulierbarkeit von Menschen so sicher, daß sie an ihrer eigenen Glaubwürdigkeit niemals zweifelten und ihren Sieg im Kampf um die Volksmeinung *im voraus* für gegeben hielten. Und da sie ohnehin in einer von Tatsachen unbehelligten Welt lebten, fiel es ihnen nicht schwer, der Tatsache, daß ihr Publikum sich nicht überzeugen lassen wollte, ebensowenig Aufmerksamkeit zu schenken wie anderen Tatsachen.

Die interne Welt der Regierung mit ihrer Bürokratie auf der einen, ihrem gesellschaftlichen Leben auf der anderen Seite, machte die Selbsttäuschung relativ einfach. Kein Elfenbeinturm der Gelehrten eignete sich besser dazu, Tatsachen vollständig zu ignorieren, als die verschiedenen ›Denkfabriken‹ für die Problem-Löser und das Ansehen des Weißen Hauses für die Berater des Präsidenten. In dieser Atmosphäre, wo man eine Niederlage weniger fürchtete als ihr Eingeständnis, wurden die irreführenden Erklärungen über die schweren Rückschläge der Tet-Offensive und die Invasion in Kambodscha zusammengebraut. Entscheidend war dabei, daß in diesen internen Kreisen, aber nirgendwo sonst, die Wirklichkeit in Vietnam nur zu leicht von reinen Prestigefragen, wie der Sorge, »der erste amerikanische Präsident zu sein, der einen Krieg verliert«, und natürlich von der ständigen Furcht vor den nächsten Wahlen zugedeckt werden konnte.

Denkt man aber an die Problem-Löser im Unterschied zu den Public Relations-Experten, so ist »innere Selbsttäuschung«[59] keine befriedigende Antwort auf die Frage: »Wie konnten sie nur?« Selbsttäuschung setzt immer noch die Unterscheidung zwischen Wahrheit und Unwahrheit, zwischen Tatsachen und Erfindungen und damit einen Konflikt zwischen der Wirklichkeit und dem betrogenen Betrüger voraus, zu dem es jedoch in einem vollständig entwirklichten Denken gar nicht mehr kommt. Washington mit seiner riesigen Beamtenbürokratie ebenso wie die verschiedenen ›Denkfabriken‹ im Lande, welche im Auftrag dieser Bürokratie arbeiten, bieten den Problem-Lösern eine gleichsam natürliche Heimat, in der sie mit der Wirklichkeit nie in Konflikt zu geraten brauchen. Im Bereich der Politik, wo Geheimhaltung und bewußte Täuschung stets eine große Rolle gespielt haben, ist Selbstbetrug die Gefahr par excellence; der Mann, der auf seine eigenen Lügen hereinfällt, verliert jeden Kontakt nicht nur zu seinem Publikum, sondern zu der wirklichen Welt, die sich an ihm rächen wird, da er

---

[59] Ellsberg, ›The Quagmire Myth and the Stalemate Machine‹, a. a. O., S. 263.

sich aus ihr ja nur heraus*denken* kann. Die Problem-Löser aber lebten in einer *scheinbar* wirklichen Welt; für sie waren die ihnen von den Geheimdiensten gelieferten Tatsachen unwirklich, und sie brauchten sich nur an ihre Verfahren zu halten, also die verschiedenen Methoden, mit denen substantiell Wirkliches in Quantitäten und Zahlen verwandelt wird, mit denen man Ergebnisse errechnen kann, die dann auf unerklärliche Weise die Probleme doch nicht lösten; mit dem Rechnen waren sie natürlich voll beschäftigt, jedenfalls viel zu beschäftigt, um das, was ihnen an Tatsachen geliefert wurde, wirklich zur Kenntnis zu nehmen. Der Grund, weshalb dies so viele Jahre funktionieren konnte, war eben, daß »die von den Vereinigten Staaten verfolgten Ziele fast ausschließlich psychologischer Art waren«,[60] also ebenfalls nichts eigentlich Tatsächliches, sondern Bewußtseinszustände, die sich schwer feststellen lassen.

Liest man die Memoranden, die Alternativvorschläge, die Szenarien und wie bei geplanten Aktionen potentielle Risiken mit potentiellen Ergebnissen prozentual verglichen werden,[61] so hat man manchmal den Eindruck, daß Südostasien von einem Computer und nicht von Menschen, die Entscheidungen treffen, überfallen worden ist. Die Problem-Löser *urteilten* nicht, sie rechneten; ihr Selbstbewußtsein bedurfte nicht einmal der Selbsttäuschung, um so viele Fehlurteile zu überstehen, denn es stützte sich auf mathematische Beweise, die in sich rational stimmig waren. Nur hatte diese Stimmigkeit nicht das geringste mit den »Problemen« zu tun. Wenn z. B. berechnet wird, als Ergebnis einer bestimmten Unternehmung sei »ein allgemeiner Krieg eher weniger wahrscheinlich als wahrscheinlich«,[62] so folgt daraus nicht, daß wir die Wahl haben, selbst wenn das Verhältnis 80 zu 20 wäre; das liegt an der Ungeheuerlichkeit und *Unberechenbarkeit* des Risikos. Dasselbe gilt, wenn die Aussicht auf eine Reform der Saigoner Regierung sich zu der »Chance, daß wir ebenso enden wie die Franzosen 1954«, wie 70 zu 30 verhält.[63] Das sind vielversprechende Aussichten für einen Spie-

---

60 Stavins, **Barnet**, Raskin, *Washington Plans an Aggressive War*, a. a. O., S. 209.
61 *The Pentagon Papers*, a. a. O., S. 576.
62 Ebenda, S. 575.
63 Ebenda, S. 98.

ler, nicht aber für einen Staatsmann, und selbst der Spieler sollte in Rechnung stellen, was Gewinn oder Verlust für ihn wirklich bedeuten würden. Verlust kann völligen Ruin bedeuten und Gewinn nicht mehr als eine willkommene, aber unwesentliche Verbesserung seiner finanziellen Lage. Nur wenn für den Spieler nichts Reales auf dem Spiel steht – wenn etwas mehr oder weniger Geld seinen Lebensstandard nicht beeinflußt –, kann er sich beruhigt auf die Prozentspielerei einlassen. Das Schlimme an der Kriegführung in Südvietnam war, daß weder die Staatsmänner noch die Problem-Löser jemals an eine solche – von der Wirklichkeit selber gelieferte – Kontrolle dachten.

Es ist nämlich nur zu wahr, daß die amerikanische Politik keine wirklichen – guten oder schlechten – Ziele verfolgte, welche diese pseudo-mathematischen Spielereien hätten einschränken und kontrollieren können: »Weder territoriale noch wirtschaftliche Gewinne wurden in Vietnam angestrebt. Der ganze Zweck des ungeheuren und kostspieligen Einsatzes bestand darin, eine bestimmte Geistesverfassung zu erzeugen.«[64] Den Grund aber, warum so unmäßig kostspielige Mittel, so viele Menschenleben und so viele Milliarden Dollar für politisch belanglose Zwecke eingesetzt wurden, darf man nicht nur in dem unheilvollen Überfluß jener Jahre suchen, sondern auch in Amerikas Unfähigkeit zu begreifen, daß auch großer Reichtum nicht unbegrenzt ist und es unbegrenzte Macht nicht gibt. Hinter der immer wiederholten Phrase von der »stärksten Macht auf Erden« lauerte der gefährliche Mythos der Allmacht. Wie Eisenhower der letzte Präsident war, der wußte, daß er um die »Vollmacht des Kongresses nachsuchen mußte, um amerikanische Truppen in Indochina einzusetzen«, so war seine Regierung auch die letzte, die sich bewußt war, daß »der Einsatz von mehr als symbolischen Streitkräften der US in jenem Gebiet eine bedenkliche Zersplitterung der *begrenzten* amerikanischen Möglichkeiten wäre«. (Hervorhebung von mir.)[65] Trotz allen späteren Berechnungen von »Kosten, Ergebnissen und Risiken« bestimmter Aktionen kam es den Rechnern nie in den Sinn, daß es eine absolute, nicht-psycho-

---

64 Stavins, Barnet, Raskin, *Washington Plans an Aggressive War*, a. a. O., S. 209.
65 *The Pentagon Papers*, a. a. O., S. 5.

logische Grenze der zur Verfügung stehenden Mittel geben könne. Die ›Grenze‹, mit der sie rechneten, war die Volksstimmung: wie hoch dürfen Verluste an amerikanischen Menschenleben sein? Antwort: möglichst nicht viel mehr als die Verluste bei Verkehrsunfällen. Niemals aber kam ihnen anscheinend der Gedanke, daß es für die Vergeudung von Mitteln selbst für Amerika Grenzen gibt, wenn das Land nicht Bankrott machen soll.

Dieses tödliche Amalgam von »Machtarroganz«, wie Senator Fulbright es genannt hat (das heißt nicht der Drang zur Weltherrschaft, sondern das Verlangen, so auftreten zu dürfen, als ob man sie bereits hätte, ohne doch über die Mittel zu verfügen, dies durchzusetzen), mit der rein intellektuellen Arroganz von professionellen Problem-Lösern und ihrem völlig irrationalen Vertrauen in die Berechenbarkeit der Wirklichkeit, bestimmte seit Beginn der Eskalation im Jahre 1964 die außenpolitischen Entscheidungen des Landes. Was aber nicht heißen soll, daß die Problem-Löser mit ihren streng ›wissenschaftlichen‹ Methoden, der Wirklichkeit beizukommen und sie zu entwirklichen, die eigentlichen Urheber dieser selbstzerstörerischen Politik gewesen sind.

Die Vorläufer der Problem-Löser, die den Verstand verloren, weil sie der Rechenkraft ihrer Gehirne mehr trauten als der Urteilskraft und der Fähigkeit, Erfahrungen zu machen und daraus zu lernen, waren die Ideologen aus der Zeit des Kalten Krieges. Der Antikommunismus als Ideologie – nicht Amerikas alte, häufig von Vorurteilen bestimmte Feindseligkeit gegen Sozialismus und Kommunismus, die in den zwanziger Jahren so stark war und unter Roosevelt immer noch eine der Hauptstützen der Republikanischen Partei bildete – stammt ursprünglich von ehemaligen Kommunisten, die eine neue Ideologie benötigten, mit der sie den Verlauf der Geschichte erklären und sicher voraussagen konnten. Diese Ideologie wurde mit dem Ende des Zweiten Weltkrieges die führende außenpolitische ›Theorie‹ in Washington. Ich erwähnte bereits, in welchem Ausmaß die schiere Unkenntnis aller einschlägigen Tatsachen und die völlige Mißachtung aller Nachkriegsentwicklungen für die Überlegungen in Washington bezeichnend wurden. Man brauchte hier weder Informationen noch Fakten; man hatte hier eine ›Theorie‹, und was in sie nicht paßte, leugnete oder ignorierte man.

Die Methoden der älteren Generation – also die Methoden von Rusk im Gegensatz zu denen von McNamara – waren weniger kompliziert, sozusagen weniger intellektuell als die der Problem-Löser, doch schirmten sie nicht weniger wirksam gegen die Wirklichkeit ab und ruinierten die Urteils- und Lernfähigkeit in gleicher Weise. Die Älteren waren stolz darauf, aus der Vergangenheit gelernt zu haben: aus Stalins Herrschaft über alle kommunistischen Parteien – daher die Vorstellung vom »monolithischen Kommunismus«; und aus dem Umstand, daß Hitler nach München einen Krieg begonnen hatte, schlossen sie, daß jede versöhnliche Geste ein ›zweites München‹ sei. Sie waren außerstande, sich der Wirklichkeit als solcher zu stellen, weil sie immer irgendeine Analogie vor Augen hatten, die ihnen ›half‹, die Wirklichkeit zu verstehen. Als Johnson – damals noch Kennedys Vizepräsident – von einer Inspektionsreise durch Südvietnam heimkehrte und munter berichtete, Diem sei »der asiatische Churchill«, hätte man annehmen können, daß das Spiel mit Analogien an reiner Absurdität zugrunde gehen würde; was keineswegs der Fall war. Man kann auch nicht sagen, daß die ausgesprochen linken Kritiker des Krieges in anderen Begriffen dachten. Diese extreme Gruppe hatte die fatale Neigung, alles, was ihnen – häufig ganz zu Recht – mißfiel, als ›faschistisch‹ oder ›nazistisch‹ zu beschimpfen und jedes Gemetzel Völkermord zu nennen, was in Vietnam offensichtlich nicht zutraf, da trotz aller Opfer die Bevölkerung zunahm. Das konnte nur eine Mentalität erzeugen, die sich gewöhnte, Gemetzel und andere Kriegsverbrechen zu übersehen, solange es sich nicht um Völkermord handelte.

Die Problem-Löser waren von den Sünden der Ideologen bemerkenswert frei; sie glaubten an Methoden, nicht an Weltanschauungen. Deshalb konnte man ihnen auch zutrauen, »eine Zusammenstellung der Dokumente des Pentagons über Amerikas Engagement« zu liefern, die »umfassend und objektiv« [66] war. Obwohl sie aber an so allgemein akzeptierte politische Rechtfertigungen wie die Dominotheorie nicht glaubten, erzeugten doch diese Theorien mit ihren verschiedenen Methoden der ›Entwirklichung‹ die Atmosphäre, in der sich auch die Problem-Löser mit ihrer Arbeit

---

66 Ebenda, S. XX und XVIII.

bewegten. Schließlich mußten sie ja die Kalten Krieger überzeugen, deren Köpfe, wie sich dann zeigte, auf die Denkspiele, die jene zu bieten hatten, hervorragend vorbereitet waren.

Wie die Kalten Krieger vorgingen, wenn man sie sich selber überließ, zeigt sich deutlich an einer der ›Theorien‹ von Walt Rostow, dem »führenden Intellektuellen« der Regierung Johnson. Rostows ›Theorie‹ wurde zu einem der wichtigsten Gründe für die Entscheidung, Nordvietnam zu bombardieren; das geschah gegen den Rat von »McNamaras damals hochangesehenen Systemanalytikern im Verteidigungsministerium«. Rostows Theorie stützte sich anscheinend auf eine Bemerkung von Bernard Fall, einem der schärfsten Beobachter und bestinformierten Kritiker des Krieges, der zu bedenken gab: »Ho Tschi Minh *könnte* dem Krieg im Süden abschwören, wenn seine neuen Industriewerke bombardiert würden.«[67] (Hervorhebung von mir.) Das war eine Hypothese, eine echte Möglichkeit, die entweder bestätigt oder widerlegt werden mußte. Unglücklicherweise paßte die Bemerkung aber gut zu Rostows Theorien über den Guerillakrieg und so wurde nun daraus eine ›Tatsache‹: Präsident Ho Tschi Minh »hat Industrieanlagen zu schützen; er ist nicht mehr ein Guerillakrieger, der nichts zu verlieren hat«.[68] Rückblickend erscheint das dem Analytiker als ein »kolossales Fehlurteil«.[69] »Kolossal« werden konnte dieses »Fehlurteil« aber nur, weil niemand es rechtzeitig korrigieren wollte. Denn es zeigte sich sehr rasch, daß das Land nicht genügend industrialisiert war, um in einem *begrenzten* Krieg unter Luftangriffen zu leiden; in einem Krieg, dessen im Lauf der Jahre wechselnde Zielsetzung niemals die Vernichtung des Gegners war, sondern bezeichnenderweise die Absicht, »seinen Willen zu brechen«. Der Wille der Regierung in Hanoi aber ließ sich einfach nicht »brechen« – gleichgültig, ob oder ob nicht die Nordvietnamesen das besaßen, was nach Rostows Ansicht eine notwendige Eigenschaft von Guerillakriegern war.

Nun fehlt es zwar dieser vor allem in der Psychologie und So-

---

67 Stavins, Barnet, Raskin, *Washington Plans an Aggressive War*, a. a. O., S. 212.
68 *The Pentagon Papers*, a. a. O., S. 241.
69 Ebenda, S. 469.

ziologie grassierenden Unfähigkeit, zwischen einleuchtenden Hypothesen und Tatsachen zu unterscheiden (so daß unbewiesene Theorien sich unter der Hand in ›Tatsachen‹ verwandeln), durchaus an der so faszinierenden Methodenstrenge, der sich die Spieltheoretiker und Systemanalytiker befleißigen; aber die Wurzel ist doch dieselbe – beide entspringen einer Verachtung der Erfahrung, der Unfähigkeit oder mangelnden Bereitschaft, die Wirklichkeit zu befragen, aus ihr zu lernen und so zu relativ vernünftigen und relativ stimmigen Erfahrungsurteilen zu kommen.

Damit kommen wir zum Kern der Angelegenheit und können zumindest teilweise eine Antwort auf die Frage geben: Wie konnte man nur diese Politik nicht nur einleiten, sondern bis zum bitteren und absurden Ende verfolgen? ›Entwirklichung‹ und Problemlöserei waren erwünscht, weil Mißachtung der Wirklichkeit dieser Politik und ihren Zielen inhärent war. Was brauchtes sie denn über Indochina, wie es wirklich war, zu wissen, wenn es nicht mehr war als ein ›Testfall‹ oder ein Dominostein, ein Mittel zur ›Eindämmung Chinas‹ oder zur Demonstration der Existenz der mächtigsten unter den Supermächten diente? Oder nehmen wir die Bombardierung Nordvietnams mit dem Hintergedanken, die Moral in Südvietnam zu stärken [70], ohne daß man wirklich die Absicht hatte, einen klaren Sieg zu erringen und den Krieg zu beenden. Wie konnte man an etwas so Realem wie einem Sieg interessiert sein, wenn man den Krieg weder um territorialer Gewinne noch um wirtschaftlicher Vorteile willen fortführte, schon gar nicht um einem Freund zu helfen oder eine Verpflichtung einzulösen, ja nicht einmal für die Realität der Macht (im Gegensatz zu deren bloßem Image)?

Als man dieses Stadium des Spiels erreicht hatte, wandelte sich die in der Dominotheorie beschlossene ursprüngliche Prämisse »Es kommt auf das Land gar nicht an« zu einem »Es kommt auf den Feind gar nicht an«. Und das mitten im Kriege! Die Folge war, daß der Feind – arm, mißhandelt und leidend – stärker wurde, während das »mächtigste Land« von Jahr zu Jahr schwächer wurde. Heute gibt es Historiker, die behaupten, Truman habe die Bombe auf Hiroshima abwerfen lassen, um die Russen aus Osteuropa zu ver-

---

[70] Ebenda, S. 312.

jagen (mit dem bekannten Ergebnis!). Wenn das stimmt, was sehr wohl möglich ist, dann können wir die ersten Anfänge dieser Mißachtung der wirklichen Folgen einer Handlung, weil man irgendein Fernziel hat, bis zu jenem verhängnisvollen Kriegsverbrechen zurückverfolgen, das den letzten Weltkrieg beendete.

V

Zu Beginn dieser Untersuchung habe ich angedeutet, daß die von mir ausgewählten Aspekte der Pentagon-Papiere – Täuschung, Selbsttäuschung, Image-Pflege, Ideologisierung und ›Entwirklichung‹ – keineswegs die einzigen Perspektiven sind, unter denen man sie sehen und aus ihnen lernen kann. Da ist zum Beispiel das Faktum, daß dieses gewaltige und systematische Unternehmen einer kritischen Selbstprüfung von einem der Hauptakteure in der Regierung in Auftrag gegeben wurde; daß man, um die Dokumente zusammenzustellen und die Analysen zu schreiben, sechsunddreißig Leute auftreiben konnte, von denen eine ganze Reihe »mitgeholfen hatte, die Politik, die sie beurteilen sollten, zu initiieren oder auszuführen«[71]; daß einer von ihnen, als deutlich geworden war, daß niemand in der Regierung bereit war, die Ergebnisse zu verwenden oder auch nur zu lesen, sich an die Öffentlichkeit wandte und die Sache in die Presse sickern ließ; und daß schließlich die angesehensten Zeitungen im Lande es wagten, einem Material, das den Stempel ›top secret‹ trug, die weitest mögliche Aufmerksamkeit zu verschaffen. Mit Recht hat Neil Sheehan gesagt, daß Robert McNamaras Entscheidung, herauszufinden, warum alles schief ging, »sich vielleicht als eine der wichtigsten Entscheidungen in seinen sieben Jahren im Pentagon erweisen mag«.[72] Sie stellte, zumindest für einen flüchtigen Augenblick, das Ansehen dieses Landes in der Welt wieder her. Was jetzt geschehen war, hätte wohl wirklich kaum anderswo in der Welt geschehen können. Es war, als ob alle diese Leute, die in einen ungerechten Krieg verwickelt und von ihm mit Recht kompromittiert waren, sich plötzlich daran erinnerten, was

71 Ebenda, S. XVIII.
72 Ebenda, S. IX.

sie ihren Vorfahren schuldig waren und »der Achtung«, die im Sinne der Unabhängigkeitserklärung »dies Land den Ansichten der Menschheit« schuldet.

Da ist ferner die häufig erwähnte Tatsache, die einer genauen und eingehenden Untersuchung bedarf: daß die Pentagon-Papiere nur wenige wichtige Neuigkeiten enthüllten, die dem Leser von Tageszeitungen und Wochenzeitschriften nicht zur Verfügung standen; daß überdies keine Argumente für oder wider in der »Geschichte des amerikanischen Entscheidungsprozesses in der Vietnam-Politik« – so der amtliche Titel des Berichts – sich finden, die nicht seit Jahren öffentlich in Zeitschriften, im Fernsehen und in Rundfunksendungen diskutiert worden sind. (Abgesehen von persönlichen Standpunkten und deren Wandlungen, waren nur die völlig abweichenden Ansichten der Geheimdienste durchweg unbekannt.) Daß die Öffentlichkeit seit Jahren Zugang zu einem Material hatte, das die Regierung ihr vergeblich vorzuenthalten versuchte, beweist die Unbestechlichkeit und die Macht der Presse noch nachdrücklicher als die Art, wie die ›Times‹ die Geschichte dann herausgebracht hat. Was man lange angenommen hatte, steht jetzt fest: Solange die Presse frei und nicht korrupt ist, hat sie eine ungeheuer wichtige Aufgabe zu erfüllen und kann mit Recht die vierte öffentliche Gewalt genannt werden. Eine andere Frage ist es, ob der Erste Zusatzartikel zur Verfassung ausreichen wird, um diese wesentlichste politische Freiheit zu schützen: das Recht auf nicht manipulierte Tatsacheninformation, ohne welche die ganze Meinungsfreiheit zu einem entsetzlichen Schwindel wird.

Schließlich können daraus diejenigen etwas lernen, die, wie ich selber, glaubten, daß Amerika sich auf eine imperialistische Politik eingelassen, seine alte antikoloniale Einstellung vergessen habe und vielleicht mit Erfolg daran gehe, die von Kennedy verurteilte Pax Americana zu etablieren. Was immer dieser Verdacht wert sein mag, der sich durch unsere Politik in Lateinamerika wohl rechtfertigen ließe: falls unerklärte Kriege – aggressive Kleinkriege in fernen Ländern – notwendige Mittel sind, um imperialistische Ziele zu erreichen, dann werden die Vereinigten Staaten weniger als fast jede andere Großmacht imstande sein, erfolgreich imperialistische Politik zu treiben. Denn wenn auch die Demoralisierung der amerikanischen Truppen jetzt ein beispielloses Ausmaß erreicht hat – dem ›Spiegel‹ zufolge gab es allein im Jahre 1970 89 088 Deserteure, 100 000 Wehrdienstverweigerer und Zehntausende von Rauschgiftsüchtigen –[73], so hat der Auflösungsprozeß in der Armee doch schon viel früher begonnen; ihm vorausgegangen war eine ähnliche Entwicklung während des Krieges in Korea.[74]

Man braucht nur mit ein paar heimkehrenden Veteranen dieses Krieges zu sprechen – oder Daniel Langs nüchternen und aufschlußreichen Bericht im ›New Yorker‹ über die Entwicklung eines ziemlich typischen Falles zu lesen –, um zu begreifen, daß ein entscheidender Wandel des amerikanischen ›Nationalcharakters‹ erforderlich wäre, bevor dieses Land sich auf eine aggressive Abenteuer-Politik mit Erfolg einlassen könnte. Zu demselben Schluß käme man natürlich auch, wenn man an die ungewöhnlich starke, hochqualifizierte und gut organisierte Opposition denkt, die sich immer wieder geltend gemacht hat. Die Nordvietnamesen, die diese Entwicklung im Laufe der Jahre sorgfältig beobachtet haben, hatten stets ihre Hoffnung darauf gesetzt, und es scheint, daß ihre Beurteilung zutreffend war.

Zweifellos kann sich das alles ändern. Eines aber ist in den letzten Monaten deutlich geworden: die halbherzigen Versuche der Regierung, verfassungsmäßige Garantien zu umgehen und diejenigen einzuschüchtern, die entschlossen sind, sich nicht einschüchtern zu lassen, und lieber ins Gefängnis gehen würden als zusehen, wie ihre Rechte und Freiheiten immer weiter beschnitten werden – diese Versuche reichen nicht aus und werden wahrscheinlich auch in absehbarer Zukunft nicht ausreichen, um die Republik zu zerstören. Es besteht Grund dafür, mit Daniel Langs Veteran – einem von zweieinhalb Millionen – zu hoffen, »daß unser Land infolge des Krieges die bessere Seite seines Wesens wiedergewinnen wird. ›Ich weiß, daß man darauf nicht bauen kann‹, sagte er, ›aber etwas anderes will mir nicht in den Sinn kommen.‹« [75]

---

73 ›Der Spiegel‹, Nr. 35/1971.
74 Eugene Kinkead, ›Reporter at Large‹, in ›The New Yorker‹, 26. 10. 1957.
75 ›The New Yorker‹, 4. 9. 1971.

Wahrheit und Politik

I

Der Gegenstand dieser Überlegungen ist ein Gemeinplatz. Niemand hat je bezweifelt, daß es um die Wahrheit in der Politik schlecht bestellt ist, niemand hat je die Wahrhaftigkeit zu den politischen Tugenden gerechnet. Lügen scheint zum Handwerk nicht nur des Demagogen, sondern auch des Politikers und sogar des Staatsmannes zu gehören. Ein bemerkenswerter und beunruhigender Tatbestand. Was bedeutet er für das Wesen und die Würde des politischen Bereichs einerseits, was für das Wesen und die Würde von Wahrheit und Wahrhaftigkeit andererseits? Sollte etwa Ohnmacht zum Wesen der Wahrheit gehören und Betrug im Wesen der Sache liegen, die wir Macht nennen? Welche Art Wirklichkeit können wir der Wahrheit noch zusprechen, wenn sie sich gerade in der uns gemeinsamen öffentlichen Welt als ohnmächtig erweist, also in einem Bereich, der mehr als jeder andere den gebürtlichen und sterblichen Menschen Wirklichkeit garantiert, weil er ihnen verbürgt, daß es eine Welt gab, bevor sie kamen, und geben wird, wenn sie wieder aus ihr verschwunden sind? Ist schließlich nicht Wahrheit ohne Macht ebenso verächtlich wie Macht, die nur durch Lügen sich behaupten kann? Dies sind unbequeme Fragen, aber sie ergeben sich notwendig aus unseren landläufigen Meinungen in dieser Sache.

Daß Wahrheit und Politik miteinander auf Kriegsfuß stehen, läßt sich immer noch am besten an dem alten lateinischen Wort erläutern, das sagt: *Fiat iustitia, et pereat mundus*, »Es herrsche Gerechtigkeit, möge auch die Welt darüber zu Grunde gehen«. Wiewohl der vermutliche Autor dieses Spruches – Ferdinand I., der Nachfolger Karls V. – genau meinte, was er sagte, kennen wir ihn eigentlich nur in der Form der rhetorischen Frage: Wer kann sich noch um Gerechtigkeit kümmern, wenn die Existenz der Welt auf dem Spiel steht? Der einzige große Denker, der wagte, die geläufige Redensart gleichsam gegen den Strich zu bürsten und wieder so zu verstehen, wie sie ursprünglich gemeint war, ist Kant, der kurzerhand erklärte: »Der zwar etwas renommistisch klingende ... aber wahre Satz ... heißt zu deutsch: ›es herrsche Gerechtigkeit, die Schelme in der Welt mögen auch insgesamt darüber zu Grunde gehen‹«. Gewiß, Kant tröstete sich: »Die Welt wird keineswegs dadurch untergehen ... Das moralisch Böse hat die von seiner Natur unabtrennliche Eigenschaft, daß es ... sich selbst zuwider und zerstörend ist«; aber er meinte auch, daß es sich nicht lohnen würde, in einer aller Gerechtigkeit baren Welt zu leben, daß daher »das Recht dem Menschen muß heilig gehalten werden, der herrschenden Gewalt mag es auch noch so große Aufopferung kosten« und daß vor ihm »alle Politik ... ihre Knie ... beugen (muß)«.[1] Aber ist diese Position nicht unhaltbar? Ist es nicht offenbar, daß die Sorge um die schiere Existenz allem anderen vorangehen muß, daß keine Tugend und kein Prinzip bestehen bleiben, wenn die Welt selbst, in der allein sie sich manifestieren können, in Gefahr gerät? War das siebzehnte Jahrhundert nicht völlig im Recht, wenn es nahezu einmütig erklärte, das höchste Gesetz des Staates sei seine eigene Sicherheit, so daß etwa »der Inhaber der Regierung geradezu ein Verbrechen begehen würde, wollte er zum Schaden seiner Regierung Versprechungen halten«?[2] Nun kann man natürlich eine ganze Reihe von Prinzipien an die Stelle der Gerechtigkeit setzen, und wenn wir im Sinne unserer Überlegungen den alten Spruch abwandeln und sagen: *Fiat veritas, et pereat mundus,* so scheint es noch einleuchtender, daß niemand dies behaupten kann, es sei denn als rhetorische Frage, die das Gegenteil beweisen soll. Teilen wir zudem noch die landläufige Meinung, die politisches Handeln in der Zweck-Mittel-Kategorie begreift, so werden wir sehr schnell den nur scheinbar paradoxen Schluß ziehen, daß das Lügen sehr wohl dazu dienen kann, die Bedingungen für die Suche nach Wahrheit zu etablieren oder zu bewahren. So jedenfalls lesen wir es bei Hobbes, auf dessen unbeirrbare Logik man sich immer verlassen kann, wo es darum geht, Argumente in die ihnen inhärenten Extreme zu treiben, wo ihre Unsinnigkeit offenbar wird.[3] Und da Lügen oft als

[1] Zum Ewigen Frieden. Anhang I.
[2] Spinoza, *Theologisch-Politischer Traktat,* 16. Kapitel, Ausgabe Carl Gebhardt, Meiner, S. 285.
[3] Im 46. Kapitel des *Leviathan* erklärt Hobbes, warum »Ungehorsam auch dann rechtmäßig bestraft wird, wenn jemand sich gegen die Gesetze

Ersatz für gewalttätigere Mittel gebraucht werden, gelten sie leicht als relativ harmlose Werkzeuge in dem Arsenal politischen Handelns.

Bei näherem Zusehen jedoch zeigt sich erstaunlicherweise, daß man der Staatsräson jedes Prinzip und jede Tugend eher opfern kann als gerade Wahrheit und Wahrhaftigkeit. Wir können uns ohne weiteres eine Welt vorstellen, die weder Gerechtigkeit noch Freiheit kennt, und wir können uns natürlich weigern, uns auch nur zu fragen, ob ein Leben in solch einer Welt der Mühe wert sei. Mit der so viel unpolitischeren Idee der Wahrheit ist das merkwürdigerweise nicht möglich. Es geht ja um den Bestand der Welt, und keine von Menschen erstellte Welt, die dazu bestimmt ist, die kurze Lebensspanne der Sterblichen in ihr zu überdauern, wird diese Aufgabe je erfüllen können, wenn Menschen nicht gewillt sind, das zu tun, was Herodot als erster bewußt getan hat – nämlich *legein ta eonta,* das zu sagen, was ist. Keine Dauer, wie immer man sie sich vorstellen mag, kann auch nur gedacht werden ohne Menschen, die Zeugnis ablegen für das, was ist und für sie in Erscheinung tritt, weil es ist.

Der Streit zwischen Wahrheit und Politik hat eine lange und vielfach verschlungene Geschichte, die durch Moralisieren oder Simplifizieren weder einfacher noch verständlicher wird. Seit eh und je haben die Wahrheitssucher und die Wahrheitssager um das Risiko

vergeht, indem er wahre Philosophie lehrt.« Ist nicht »die Muße die Mutter der Philosophie, und ist nicht das Gemeinwesen die Mutter der Muße und des Friedens«? Folgt daraus nicht, daß das Gemeinwesen im Interesse der Philosophie handelt, wenn es eine Wahrheit unterdrückt, die den Frieden untergräbt? So muß der Wahrheitssucher im eigensten Interesse, im Interesse des Friedens, der für sein leibliches und seelisches Wohl unerläßlich ist, sich auch dazu entschließen können, wissentlich »falsche Philosophie« zu verbreiten. Hobbes meint, genau das habe Aristoteles getan; er »schrieb, was sich mit der griechischen Religion vereinbaren ließ und unterstützte sie aus Angst vor dem Schicksal des Sokrates«. Die Absurdität, die Suche nach der Wahrheit von Bedingungen abhängig zu machen, die nur durch die Verbreitung von Unwahrheit garantiert werden können, ist Hobbes offenbar niemals aufgefallen. Den Aristoteles, den sich Hobbes logisch konstruierte, hat es natürlich niemals gegeben. Als Aristoteles fürchten mußte, das Schicksal Sokrates' zu erleiden, war er vernünftig genug, Athen zu verlassen; es ist ihm sicher niemals eingefallen, »falsche Philosophie« zu schreiben, um sich aus der Gefahr zu retten; er hätte ja damit sein eigenes Lebenswerk zerstört.

ihrer Unternehmung gewußt: solange sie sich abseits der Welt halten, sind sie nur dem Lachen der Mitbürger preisgegeben, wie Thales dem Lachen der thrakischen Bauernmagd; sollte aber einer versuchen, seine Mitbürger aus den Fesseln des Irrtums und der Illusion zu lösen, so würden sie, »wenn sie seiner habhaft werden und ihn töten könnten, auch wirklich töten« – wie Plato im letzten Satz des Höhlengleichnisses sagt. Dieser platonische Konflikt zwischen dem Wahrheitssucher und seinen Mitmenschen ist weder mit dem lateinischen Spruch noch mit den Staatsräson-Theorien zu erklären, die das Lügen rechtfertigen, um den Bestand der Welt vor Feinden zu schützen. In Platos Gleichnis ist kein Feind erwähnt; die Gesellschaft, aus der sich der Wahrheitssucher löst, lebt friedlich in ihrer Höhle, betrachtet die Schattenbilder der vorbeigetragenen Gegenstände und handelt überhaupt nicht, ist also auch von niemandem bedroht. Die Mitglieder dieses Gemeinwesens haben keinerlei Grund, mit der Wahrheit auf dem Kriegsfuß zu stehen und den Wahrheitssager töten zu wollen, und Plato sagt uns mit keinem Wort, was denn nun eigentlich der Grund für diese erbitterte Feindschaft oder für diesen verzweifelten Hang zur Täuschung und Unwahrheit ist. Hätte er Hobbes gekannt, der meint, daß »Menschen Wahrheit nur willkommen heißen, wenn sie niemandes Vorteil oder Gefallen (pleasure) beeinträchtigt« – eine Selbstverständlichkeit, die Hobbes immerhin für wichtig genug hielt, um sie ans Ende seines Hauptwerks, des *Leviathan,* zu stellen –, so hätte er wohl damit übereingestimmt, aber nicht mit der weiteren Behauptung, daß es Wahrheiten gibt, die alle Menschen anzunehmen bereit sind. Im Unterschied zu Plato tröstet Hobbes sich mit der Existenz gleichgültiger Wahrheiten, welche Gegenstände betreffen, an denen Menschen kein Interesse haben, und zu ihnen rechnet er mathematische Sätze, die »niemandes Ehrgeiz, Vorteil oder Gefallen zuwiderlaufen«. »Denn«, sagt Hobbes, »wäre der Satz: ›Die drei Winkel eines Dreiecks sind zwei rechten Winkeln gleich‹, etwas, wodurch die Herrschaft oder das Interesse von Machthabern bedroht wird, so zweifele ich nicht, daß diese Lehre wenn nicht bestritten, so doch durch Verbrennung aller Lehrbücher der Geometrie unterdrückt worden wäre, soweit dies im Vermögen der Betroffenen gelegen hätte.« [4]

4 Ebenda, Kapitel 11.

Zweifellos unterscheiden sich Hobbes' mathematische Grundsätze entscheidend von den Wahrheiten, die Platos Philosoph von seinem Aufstieg zum Himmel der Ideen in die Höhle der Menschen zurückbringt, wiewohl Plato selbst, der meint, mathematische Wahrheit eröffne die Augen des Geistes für alle Art Wahrheit, diesen Unterschied nicht macht. Hobbes' Beispiel erscheint uns relativ harmlos; wir nehmen an, daß es im Wesen des menschlichen Verstandes liegt, solche mathematischen Lehrsätze zu produzieren und nachzuvollziehen, und wir schließen daraus, daß »die Verbrennung aller Lehrbücher der Geometrie« den Machthabern auf die Dauer nichts helfen würde. Die Sache liegt bereits erheblich anders mit wissenschaftlichen Entdeckungen; wir können uns durchaus vorstellen, daß die Entwicklung der neuzeitlichen Wissenschaft von Galilei bis Einstein nicht stattgefunden hätte, wenn die Machtvollkommenheit der katholischen Kirche absolut gewesen wäre. Ungleich gefährdeter noch durch politische Macht ist schließlich philosophische Wahrheit im eigentlichen Sinne, also jene hoch differenzierten und immer einzigartigen Gedankengänge – für die Platos Ideenlehre ein eminentes Beispiel ist –, in denen Menschen seit eh und je versucht haben, die Grenzen menschlichen Wissens denkend zu überschreiten.

Seit Leibniz ordnen wir mathematische, wissenschaftliche und philosophische Wahrheiten der Vernunftwahrheit im Unterschied zur Tatsachenwahrheit zu, und ich werde mich im Folgenden dieser Unterscheidung bedienen, ohne mich um ihre Legitimität weiter zu kümmern. Die Frage, was Wahrheit eigentlich sei und ob sie sich dem Menschen offenbart oder ob sie, wie die Neuzeit meint, vom menschlichen Geist produziert wird, können wir hier getrost beiseite lassen, da es sich uns ja nur darum handelt, ausfindig zu machen, welchen Gefahren jede Art von Wahrheit im politischen Bereich ausgesetzt ist. Und dies ist offenbar eher ein politisches als ein philosophisches Anliegen; politisch aber ist, wie wir sehen werden, die Scheidung der Tatsachenwahrheiten von der Vernunftwahrheit von großer Bedeutung. Wir brauchen nur an solch anspruchslose Richtigkeiten zu denken wie, daß ein Mann namens Trotzki in der Russischen Revolution eine gewisse Rolle gespielt hat, die in keinem sowjetrussischen Lehrbuch erwähnt wird, um gewahr zu werden, daß keine Vernunftwahrheit es mit der Tatsachenwahrheit an Gefährdung aufnehmen kann. Und da ja Tatsachen und Ereignisse, die unweigerlichen Ergebnisse menschlichen Zusammenlebens und -handelns, die eigentliche Beschaffenheit des Politischen ausmachen, müssen wir in diesem Zusammenhang an Tatsachenwahrheiten primär interessiert sein. Wenn politische Macht sich an Vernunftwahrheiten vergreift, so übertritt sie gleichsam das ihr zugehörige Gebiet, während jeder Angriff auf Tatsachenwahrheiten innerhalb des politischen Bereichs selbst stattfindet. Was Hobbes' Verbrennung mathematischer Lehrbücher schwerlich erreichen könnte, ist durch eine Verbrennung der Geschichtsbücher durchaus erreichbar; um die Chancen der Tatsachenwahrheit, dem Angriff politischer Macht zu widerstehen, ist es offenbar sehr schlecht bestellt. Tatsachen stehen immer in Gefahr, nicht nur auf Zeit, sondern möglicherweise für immer aus der Welt zu verschwinden. Fakten und Ereignisse sind unendlich viel gefährdeter als was immer der menschliche Geist entdecken oder ersinnen kann – Axiome, wissenschaftliche Entdeckungen, philosophische Theorien; sie tauchen auf und verschwinden im Fluß der ewig wechselnden menschlichen Angelegenheiten, in einem Bereich, in dem nichts permanenter ist als die vielleicht auch nur relative Permanenz der menschlichen Geistesstruktur. Sind sie erst einmal verloren, so wird keine Anstrengung des Verstandes oder der Vernunft sie wieder zurückbringen können. Gewiß sind auch die Chancen, daß die euklidische Mathematik oder Einsteins Relativitätstheorie – von Platos Philosophie ganz zu schweigen – irgendwann in gleicher Form wieder aufgetreten wären, wenn ihre Urheber sie der Nachwelt nicht hätten überliefern können, nicht gerade gut. Sie sind dennoch erheblich besser als die Chance, daß eine einzige Tatsache, ist sie erst einmal vergessen oder, was wahrscheinlicher ist, fortgelogen, eines Tages wieder entdeckt werden wird.

II

Wiewohl es im Politischen zumeist die Tatsachenwahrheiten sind, die auf dem Spiel stehen, ist der Konflikt zwischen Wahrheit und

Politik zuerst an der Vernunftwahrheit ausgebrochen und entdeckt worden. In den Wissenschaften ist das Gegenteil der Wahrheit der Irrtum oder die Unwissenheit, in der Philosophie die Illusion oder die bloße Meinung. Vorsätzliche Unwahrheit, die glatte Lüge, spielt nur im Bereich faktischer Feststellungen eine Rolle, und es ist eigentlich sehr merkwürdig, daß in den mannigfachen Diskussionen zu unserem Thema von Plato bis Hobbes das organisierte Lügen, wie wir es heute kennen, nirgends als eine wirksame Waffe gegen die Wahrheit auch nur erwähnt wird. Bei Plato gerät der Wahrheitssager in Lebensgefahr, und bei Hobbes, wo er zum Autor avanciert ist, droht ihm die Bücherverbrennung; das Lügen wird nicht erwähnt. Platos Denken kreist um den Sophisten und den Ignoranten, nicht um den Lügner, und wenn er zwischen Irrtum und Lüge, zwischen »unfreiwilligem und freiwilligem *pseudos*«, unterscheidet, gilt sein Zorn charakteristischerweise weniger den absichtlichen Lügnern als denen, die »sich mit schweinischem Behagen im Schmutze der Unwissenheit herumwälzen«.[5] Liegt dies nur daran, daß organisiertes, öffentliches Lügen noch unbekannt war? Oder hängt es mit der auffallenden Tatsache zusammen, daß mit der Ausnahme des Zoroastrismus keine der Weltreligionen jemals die Lüge unter die Todsünden gerechnet und daß erst die Neuzeit (vermutlich unter dem Druck der modernen Wissenschaft) die Wahrhaftigkeit zu einer der Kardinaltugenden erhoben hat?

Diese Frage lassen wir hier auf sich beruhen und stellen lediglich fest, daß der Konflikt zwischen Wahrheit und Politik ursprünglich mit zwei einander entgegengesetzten Lebensweisen zusammenfiel, der Lebensweise des Philosophen, wie sie erst von Parmenides und dann von Plato beschrieben und verstanden wurde, und der Lebensweise des Staatsbürgers. Der Bereich menschlicher Angelegenheiten, in dem die Sterblichen sich gemeinhin aufhalten, ist dadurch gekennzeichnet, daß er sich in einem steten Fluß befindet, und diesem Zustand der Veränderung entsprechen die gängigen Meinungen der Menschen, die ebenfalls einem ständigen Wechsel unterworfen sind. Ihnen stellt der Philosoph die Wahrheit über göttliche Dinge entgegen, die ihrer Natur nach von immerwährender Dauer sind; diese

---

5 *Staat*, 535.

Wahrheit ist, wenn sie der Sache angemessen ist, beständig und kann daher von Plato dafür benutzt werden, Prinzipien zur Stabilisierung auch der menschlichen Angelegenheiten abzuleiten. In diesem Zusammenhang wurde die Meinung als der eigentliche Gegensatz der Wahrheit etabliert und mit bloßer Illusion gleichgesetzt. Die eigentlich politische Schärfe des Konflikts liegt in dieser Entwertung der Meinung, insofern nicht Wahrheit, wohl aber Meinung zu den unerläßlichen Voraussetzungen aller politischen Macht gehört. »Jede Regierung«, sagt Madison, »beruht auf Meinung«, da ohne die Unterstützung Gleichgesinnter nicht einmal die Tyrannenherrschaft an die Macht kommen oder sich an ihr halten könnte. Das aber heißt, daß innerhalb des Bereichs menschlicher Angelegenheiten jeder Anspruch auf absolute Wahrheit, die von den Meinungen der Menschen unabhängig zu sein vorgibt, die Axt an die Wurzeln aller Politik und der Legitimität aller Staatsformen legt. Plato hat diesen ursprünglichen Antagonismus zwischen Wahrheit und Meinung dann weiter ausgeführt in dem Gegensatz zwischen philosophischer »Dialektik« und politischer »Rhetorik«, also zwischen dem philosophischer Wahrheit angemessenen Dialog und den Überredungskünsten, mit denen der Redner die Meinungen der Menge beeinflußt und schließlich die Vielen überzeugt.

Spuren dieses uralten Konflikts lassen sich bis weit in die Neuzeit hin verfolgen. So lesen wir noch bei Hobbes von »zwei entgegengesetzten Vermögen«, dem »soliden Raisonnement« und der »machtvollen Beredsamkeit«: »das eine ist auf den Prinzipien der Wahrheit gegründet, die andere beruht auf ... Meinungen, ... auf den Leidenschaften und Interessen der Menschen, die unterschiedlich und veränderlich sind«.[6] Auch ein Jahrhundert später, zur Zeit der Aufklärung, sind diese Spuren noch nicht verschwunden, wiewohl der Akzent in der Bewertung des Gegensatzes sich charakteristisch verlagert hat. Lessings großartiges Wort: »Jeder sage, was ihm Wahrheit dünkt, und die Wahrheit selbst sei Gott empfohlen«, das impliziert, daß wir allen Grund haben, Gott zu danken, daß wir *die* Wahrheit nicht kennen, ist im Sinne der vormodernen griechischen wie christlichen Tradition ganz unverständlich; auch die Ky-

---

6 *Leviathan*, am Ende des Werks, in dem Abschnitt »A Review, and a Conclusion«.

niker und Skeptiker des Altertums haben des Menschen Unvermögen zur Wahrheitserkenntnis nicht gepriesen. Was für Lessing entscheidend war, nämlich die Einsicht, daß der unerschöpfliche Reichtum des menschlichen Gesprächs unweigerlich zum Stillstand kommen müßte, wenn es eine Wahrheit gäbe, die allen Streit ein für allemal schlichtet, taucht nirgends auch nur andeutungsweise am Horizont dieses Denkens auf. Aber auch wo diese Einsicht fehlt, macht sich seit dem achtzehnten Jahrhundert das Bewußtsein der Gebrechlichkeit menschlicher Vernunft geltend, ohne daß dies ein Anlaß für Zweifel oder Verzweiflung geworden wäre. Kant lehrte uns, die Vernunft so zu gebrauchen, daß sie zur Erkenntnis ihrer eigenen Grenzen führt, und Madison betont wiederholt, »wie unsicher und vorsichtig die Vernunft des Menschen und der Mensch selbst sei, solange sie nur auf sich selbst angewiesen sind, und wie er an Festigkeit und Selbstvertrauen proportionell zu der Anzahl derer, die mit ihm einstimmig sind, gewinne«.[7] In dem Kampf um Meinungs- und Gedankenfreiheit haben Überlegungen dieser Art eine erheblich entscheidendere Rolle gespielt als das Insistieren auf den Rechten des Individuums. So meinte etwa Spinoza, der noch an die Unfehlbarkeit der menschlichen Vernunft glaubte und der häufig zu Unrecht als Bahnbrecher für das angesehen wird, was wir unter Meinungsfreiheit verstehen, daß »ein jeder nach dem höchsten Naturrecht Herr seiner Gedanken ist« und daß es »unmöglich ist, diese Freiheit den Untertanen ganz zu nehmen, das Allerverderblichste aber, sie ihnen schlechthin einzuräumen«. Der Staat soll daher zulassen, was er nicht hindern kann; ein Verbot der Gedankenfreiheit würde nur zur Folge haben, »daß die Menschen Tag aus Tag ein anderes redeten als sie dächten, und damit würde Treu und Glauben ... aufgehoben und die verächtlichste Heuchelei und Treulosigkeit großgezogen«. Seine Meinung aber hat ein jeder »dem Urteil der höchsten Gewalt zu unterwerfen«, und die Vorstellung, daß Redefreiheit ein unabdingbarer Bestandteil der Gedankenfreiheit sei, weil die menschliche Vernunft für ihre eigene Sicherheit der Mitteilung an andere und der Kontrolle durch andere bedarf, wird man bei Spinoza vergebens suchen. Er sagt vielmehr ausdrücklich,

---

7 *The Federalist* No. 49.

daß es »ein allgemein menschlicher Fehler sei«, seine Gedanken auch anderen mitteilen zu wollen.[8] Erst Kant sagt, »daß diejenige äußere Gewalt, welche die Freiheit, seine Gedanken öffentlich *mitzuteilen*, den Menschen entreißt, ihnen auch die Freiheit zu *denken*« nimmt, weil nämlich die einzige Garantie für die »Richtigkeit« unseres Denkens darin liegt, daß wir »gleichsam in Gemeinschaft mit andern, denen wir unsere und die uns ihre Gedanken *mitteilen*«, denken.[9] Da die Vernunft nicht unfehlbar ist, kann sie nur funktionieren, wenn die Freiheit besteht, von ihr »in allen Stücken *öffentlichen Gebrauch* zu machen« und ihre Resultate »vor dem ganzen Publikum der *Leserwelt*« bekanntzugeben.[10]

In diesem Zusammenhang ist die von Madison erwähnte »Anzahl« derer, die einen Gedanken teilen oder sich von ihm überzeugen lassen, von besonderer Bedeutung. Die Transformierung der Vernunftwahrheit in eine Meinung hat zur Folge, daß wir es nicht mehr mit dem Menschen überhaupt zu tun haben, sondern mit *den* Menschen in ihrer unendlichen Pluralität, und damit wechseln wir laut Madison von einem Bereich, in dem »das solide Räsonnement« eines einzelnen Gültigkeit beansprucht, in einen ganz anders gearteten, in welchem die Überzeugungskraft durchaus »von der Zahl derer bestimmt ist, von denen man annimmt, daß sie die gleichen Meinungen hegen« wie man selbst, wobei die Anzahl keineswegs notwendigerweise auf die eigenen Zeitgenossen beschränkt ist. Madison unterscheidet noch diese Lebensweise der Staatsbürger von der des Philosophen, für den es diese Rücksicht auf die Meinung anderer nicht gibt, aber der Unterschied ist praktisch bedeutungslos geworden, da »mit einer Nation von Philosophen so wenig zu rechnen ist wie mit Platos Traum von einem Geschlecht von Philosophen-Königen«.[11] Natürlich wäre für Plato selbst die Vorstellung von einer Philosophen-Nation schlechterdings widersinnig gewesen, da ja seine gesamte politische Philosophie, einschließlich ihrer ausgesprochen tyrannischen Züge, auf der Überzeugung beruht, daß Wahrheit gerade unter den Vielen weder gewonnen noch mitgeteilt

---

8 Spinoza, *op. cit.*, Kapitel 20.
9 »Was heißt sich im Denken orientieren?«
10 »Beantwortung der Frage: Was ist Aufklärung?«
11 *The Federalist* No. 49.

werden, daß also der Philosoph, der Wahrheitssucher und -sager, nur als einzelner mit einzelnen existieren kann.

Erst in der heutigen Welt sind die letzten Spuren dieses uralten Gegensatzes von philosophischer Wahrheit und bloßer Meinung verschwunden.¹² Weder die Wahrheiten der Offenbarungsreligionen, die der gelehrten Polemik des siebzehnten und achtzehnten Jahrhunderts noch so viel zu schaffen machten, noch die Wahrheit der Philosophen, die den Menschen als einzelnen, außerhalb der Gemeinschaft mit seinesgleichen, anspricht, geraten mit dem politischen Bereich in ernsthafte Konflikte. Was die Religionswahrheiten angeht, so hat die Trennung von Kirche und Staat sie zur Privatangelegenheit gemacht, und was die philosophische Wahrheit anlangt, so hat sie seit langem aufgehört, ihre Absolutheitsansprüche im Politischen geltend zu machen – es sei denn, man nimmt die modernen Ideologien ernst und erklärt sie zu einem Religions- oder Philosophieersatz, was immerhin die Schwierigkeit hat, daß ihre Anhänger sie als rein politische Waffen verstehen und die Frage des Wahrheitsgehalts ausdrücklich für irrelevant erklären. Es sieht also fast so aus, als sei der alte Konflikt endgültig beigelegt, und als sei damit der Streit zwischen Wahrheit und Politik verschwunden.

Dies gerade aber ist merkwürdigerweise nicht der Fall. Der Streit zwischen Wahrheit und Politik besteht nach wie vor, nur ist an die Stelle der Vernunftwahrheit die Tatsachenwahrheit getreten. Zwar hat es vermutlich nie eine Zeit gegeben, die so tolerant war in allen religiösen und philosophischen Fragen, aber es hat vielleicht auch

---

12 Hegel war der letzte Philosoph, der von der Unfehlbarkeit der Vernunft so überzeugt war, daß er noch einmal – ganz im Sinne der Tradition und unter ausdrücklicher Beziehung auf Plato – den alten Gegensatz von Wahrheit und Meinung aufnimmt. »Das, was zunächst der Meinung gegenübersteht, ist die Wahrheit. Vor dieser erbleicht die Meinung.« Meinung ist ihm »zufälliger Gedanke. Man kann es ableiten von mein; es ist ein Begriff, der der meinige ist, also kein allgemeiner.« Gegen die Partikularitäten der Meinungen steht das Wahre, das allgemein ist. Daß Meinungen der Fähigkeit des Menschen zu dem perspektivischen Denken, das dann bei Nietzsche eine so große Rolle spielt, entsprechen könnten und daß diese Perspektiven der natürlichen Standortgebundenheit des Menschen geschuldet und also keineswegs zufällig sind, ist Hegel nie in den Sinn gekommen (Siehe: *Vorlesungen über die Geschichte der Philosophie*, ed. Hoffmeister, S. 86 ff.).

kaum je eine Zeit gegeben, die Tatsachenwahrheiten, welche den Vorteilen oder Ambitionen einer der unzähligen Interessengruppen entgegenstehen, mit solchem Eifer und so großer Wirksamkeit bekämpft hat. Die Tatsachen, an die ich denke, sind alle öffentlich bekannt und können dennoch von derselben informierten Öffentlichkeit mit bestem Erfolg und häufig sogar spontan zu Tabus erklärt, bzw. als das behandelt werden, was sie gerade nicht sind – nämlich als Geheimnisse. Daß deren Kundgebung sich dann als nicht minder gefährlich erweisen kann als etwa die Verkündigung gewisser Häresien in früheren Zeiten, mutet in der Tat seltsam an. Und dies merkwürdige Phänomen ist nicht, wie man eigentlich vermuten müßte, auf die sogenannte freie Welt beschränkt; es war bekanntlich in Hitler-Deutschland oder in Stalins Rußland erheblich gefährlicher, von Konzentrations- und Vernichtungslagern, deren Existenz kein Geheimnis war, zu reden, als »ketzerische« Ansichten über die jeweiligen Ideologien – Antisemitismus, Rassismus, Kommunismus – zu hegen und zu äußern. Wo immer andererseits in der freien Welt unliebsame Tatsachen diskutiert werden, kann man häufig beobachten, daß man ihre bloße Feststellung nur darum toleriert, weil dies von dem Recht zur freien Meinungsäußerung gefordert werde, daß also, halb bewußt und halb ohne dessen auch nur gewahr zu werden, eine Tatsachenwahrheit in eine Meinung verwandelt wird. Unbequeme geschichtliche Tatbestände, wie daß die Hitlerherrschaft von einer Mehrheit des deutschen Volkes unterstützt oder daß Frankreich im Jahre 1940 von Deutschland entscheidend besiegt wurde oder auch die profaschistische Politik des Vatikans im letzten Krieg, werden behandelt, als seien sie keine Tatsachen, sondern Dinge, über die man dieser oder jener Meinung sein könne. Da solche Feststellungen Gegenstände von unmittelbarer politischer Relevanz betreffen, geht es hier um mehr als die vielleicht unvermeidliche Spannung zwischen zwei diametral entgegengesetzten Lebensweisen innerhalb des Rahmens einer gemeinsamen und gemeinsam erfahrenen Realität. Was hier auf dem Spiele steht, ist die faktische Wirklichkeit selbst, und dies ist in der Tat ein politisches Problem allererster Ordnung. Und insofern solche Tatsachenwahrheiten, die doch viel weniger Anlaß zur Diskussion geben als Vernunftwahrheiten und zudem noch die Fassungskraft keines normalen Menschen übersteigen, dennoch in der Öffentlichkeit im Streit der Meinungen ein Schicksal erleiden, das dem der Vernunftwahrheiten sehr ähnlich sieht, nämlich nicht von bewußter Fälschung und organisierten Lügen, sondern von »Ansichten« bedroht zu werden, mag es angebracht sein, die alte und scheinbar nicht mehr aktuelle Problematik des Gegensatzes von Wahrheit und Meinung erneut aufzurollen.

Denn vom Standpunkt dessen, der eine Wahrheit mitzuteilen hat, ist die Neigung, Tatsachen in Meinungen aufzulösen, bzw. den Unterschied zwischen beiden zu verwischen, nicht weniger verblüffend und schockierend als die Resistenz der Menschen gegen Wahrheit überhaupt, wie wir sie aus Platos Höhlengleichnis kennen. Dort kehrt der Philosoph von seinem Ausflug unter den Himmel der immerwährenden Ideen zurück und versucht, den Höhlenbewohnern seine Wahrheit mitzuteilen; und was er nun erfährt, ist, daß die Wahrheit in der Menge der Meinungen und Ansichten verlorengeht, daß, was er für Wahrheit hielt, urplötzlich zu einer Meinung unter vielen Meinungen degradiert wird, so daß die Wahrheit selbst ihm im Gewande jenes *dokei moi* (»es scheint mir«) und jener *doxa* entgegentritt, die er für immer hinter sich zu lassen gehofft hatte. Der Berichter von Tatbeständen, dem man sagt, es sei halt seine Ansicht, daß eine Sache sich so und nicht anders verhalte, ist noch erheblich schlechter dran. Er lebt ja im Bereich menschlicher Angelegenheiten, hat sich in keine Region begeben, die jenseits dieses Bereichs läge, und kann sich daher auch nicht damit trösten, daß er auf Grund eines überlegenen Wissens dieser Welt entfremdet sei, im Besitz einer Wahrheit, die nicht von dieser Welt ist. Daß Menschen Tatsachen, die ihnen wohl bekannt sind, nicht zur Kenntnis nehmen, wenn sie ihrem Vorteil oder Gefallen widersprechen, ist ein so allgemeines Phänomen, daß man wohl auf den Gedanken kommen kann, daß es vielleicht im Wesen der menschlichen Angelegenheiten, der politischen wie der vorpolitischen, liegt, mit der Wahrheit auf Kriegsfuß zu stehen. Es ist, als seien Menschen gemeinhin außerstande, sich mit Dingen abzufinden, von denen man nicht mehr sagen kann, als daß sie sind, wie sie sind – in einer nackten, von keinem Argument und keiner Überzeugungskraft zu erschütternden Faktizität.

Sollte dies der Fall sein, so dürften die Dinge noch erheblich verzweifelter stehen, als Plato annahm; denn Platos Wahrheit handelt prinzipiell und primär von göttlichen Dingen und wird erst in abgeleiteter Form auf menschliche Angelegenheiten, auf den Bereich des Politischen angewandt. (Nichts ist verständlicher, als daß der Philosoph in seiner wesentlichen Isolierung von allen anderen der Versuchung erliegt, seine Wahrheit auch als einen Maßstab für die Regelung menschlicher Angelegenheiten zu gebrauchen und zu mißbrauchen, indem er die der philosophischen Wahrheit inhärente Transzendenz mit der ganz anders gearteten »Transzendenz« gleichsetzt, kraft derer alle Maßstäbe den Gegenstandsbereich »übersteigen« müssen, in dem sie zur Anwendung gelangen; jeder Zollstock und jede Waage »übersteigt« in gewissem Sinne, was gemessen oder gewogen werden soll. Und nicht weniger verständlich ist, daß der politische Bereich sich solchen Maßstäben, die aus einer ihm prinzipiell fremden Sphäre abgeleitet sind, widersetzt.) Wenn Vernunftwahrheiten sich in das Feld der Meinungen und des Meinungsstreits begeben, werden auch sie zu bloßen Meinungen; was ihnen geschieht, ist eine echte *metabasis eis allo genos;* sie haben ihr Wesen geändert, und dementsprechend hat auch der, der sie vertritt, seine menschliche Existenzweise geändert. Der Philosoph, der in die Öffentlichkeit eingreifen will, ist kein Philosoph mehr, sondern ein Politiker; er will nicht mehr nur Wahrheit, sondern Macht.

Ganz anders steht es mit der Tatsachenwahrheit und ihren Verkündern. Sie handelt ihrem Wesen nach von rein menschlichen Dingen, betrifft Ereignisse und Umstände, in die viele Menschen verwickelt sind, und ist abhängig davon, daß Menschen Zeugnis ablegen; selbst wenn es sich um rein »private« Tatbestände handelt, macht sich ihre Wirklichkeit erst geltend, wenn sie bezeugt und Gegenstand einer Kundgebung geworden sind. Die Tatsachenwahrheit ist von Natur politisch. Daher stehen sich auch Tatsachen und Meinungen, obgleich sie streng voneinander unterschieden werden müssen, keinesfalls notwendigerweise antagonistisch gegenüber; sie gehören immer noch in den gleichen Bereich. Tatsachen sind der Gegenstand von Meinungen, und Meinungen können sehr verschiedenen Interessen und Leidenschaften entstammen, weit voneinander abweichen und doch alle noch legitim sein, solange sie die Integrität der Tatbestände, auf die sie sich beziehen, respektieren. Meinungsfreiheit ist eine Farce, wenn die Information über die Tatsachen nicht garantiert ist. Mit anderen Worten: Die Tatsacheninformation spielt im politischen Denken eine ähnliche Rolle wie die Vernunftwahrheit im philosophischen Denken; in beiden Fällen inspiriert sie das Denken und hält die Spekulation in Schranken.

Aber gibt es denn überhaupt reine Tatsachen, die von Meinung und Interpretation unabhängig sind? Haben nicht Generationen von Historikern und Geschichtsphilosophen die Unmöglichkeit bewiesen, reine Fakten auch nur zu etablieren? Werden die historischen Tatbestände nicht aus einem Chaos schieren Geschehens herauspräpariert, nach bestimmten Gesichtspunkten ausgewählt, die selber sicher nicht als faktische Gegebenheiten angesprochen werden können? Und werden diese Tatbestände dann nicht wiederum als eine Geschichte in einer bestimmten Perspektive erzählt, die selbst sich keineswegs aus den erzählten Vorgängen unmittelbar ergibt? Diese ganze Problematik ist in der Tat von den Geschichtswissenschaften nicht zu trennen, aber sie beweist keineswegs, daß es Tatbestände überhaupt nicht gibt, und sie kann auch nicht dazu dienen, die Unterschiede zwischen Tatsachen, Meinungen und Interpretation einfach zu verwischen oder den Historiker zu ermächtigen, nach Belieben mit seinem Tatsachenmaterial zu verfahren. Selbst wenn man jeder Generation zugesteht, die Geschichte der Vergangenheit aus der ihr eigenen Perspektive neu zu schreiben, so hat man damit noch lange nicht das Recht zugestanden, das Tatsachenmaterial selbst anzutasten. Für das sehr viel unkompliziertere Phänomen, von dem hier die Rede ist, ist diese Problematik unerheblich, was sich vielleicht am besten und kürzesten an einer Anekdote illustrieren läßt. Am Ende der zwanziger Jahre, so wird berichtet, wurde Clemenceau von einem Vertreter der Weimarer Republik gefragt, was künftige Historiker wohl über die damals sehr aktuelle und strittige Kriegsschuldfrage denken werden. »Das weiß ich nicht«, soll Clemenceau geantwortet haben, »aber eine Sache ist sicher, sie werden nicht sagen: Belgien fiel in Deutschland ein.« Wir haben es hier mit elementaren Daten dieser Art zu tun, und ihre Unumstößlichkeit haben auch die extremsten und überzeugtesten Vertreter des Historismus immer als selbstverständlich vorausgesetzt.

Nun würde zwar zweifellos erheblich mehr als die Einfälle von Historikern vonnöten sein, um Tatsachen, wie daß deutsche Truppen in der Nacht des 4. August 1914 die belgische Grenze überschritten, zu vernichten; dazu bedürfte es eines Machtmonopols über die gesamte zivilisierte Welt. Aber unmöglich oder undenkbar ist ein solches Machtmonopol keineswegs, und es ist nicht schwer, sich das Schicksal von Tatsachenwahrheiten auszumalen, wenn Machtinteressen nationaler oder sozialer Art das letzte Wort über sie haben sollten. Damit sind wir wieder bei unserer anfänglichen Vermutung, daß es vielleicht in der Natur des Politischen liegt, auf Kriegsfuß mit Wahrheit in allen ihren Formen zu stehen. Die Frage ist, warum unter gewissen und keineswegs seltenen Umständen das unbekümmerte Aussprechen von Faktizitäten bereits als eine antipolitische Haltung empfunden wird.

III

Daß diese Frage überhaupt aufkommen kann, zeigt an, daß das Verhältnis von Tatsachenwahrheit und Meinung, wiewohl beide dem politischen Bereich zugehören und aufs engste miteinander verbunden sind, erheblich problematischer ist, als wir auf den ersten Blick vermuten. Alle Wahrheiten, seien sie Vernunft- oder Tatsachenwahrheiten, unterscheiden sich von Meinungen und Ansichten durch den Wahrheitsanspruch, das heißt durch die Art und Weise, wie sie Gültigkeit beanspruchen. Jede Wahrheit erhebt den Anspruch *zwingender* Gültigkeit, und die so offensichtlich tyrannischen Neigungen professioneller Wahrheitssager mögen weniger angeborener Rechthaberei als der Gewohnheit geschuldet sein, ständig unter einem Zwang, dem Zwang der erkannten oder vermeintlich erkannten Wahrheit zu leben. Aussagen mit absolutem Wahrheitsanspruch können sehr verschiedener Art sein. Eine mathematische Wahrheit: »Die Winkel eines Dreiecks sind zwei rechten Winkeln gleich«, eine wissenschaftliche Wahrheit: »Die Erde bewegt sich um die Sonne«, eine philosophische Wahrheit: »Es ist besser Unrecht zu leiden als Unrecht zu tun«, und eine Tatsachenwahrheit: »Im August 1914 fielen deutsche Truppen in Belgien ein«, werden auf völlig verschiedene Weise produziert und bewiesen; sind sie aber erst einmal als Wahrheit erkannt und anerkannt, so ist ihnen eines gemeinsam, daß nämlich ihr Gültigkeitsanspruch durch Übereinkunft, Diskussion oder Zustimmung weder erhärtet noch erschüttert werden kann. Die Überzeugungskraft dieser Aussagen wird durch die »Anzahl derer, die mit ihnen einstimmig sind«, nicht gestärkt; man kann zu ihnen weder zureden noch abreden, weil der Aussagegehalt selbst nicht überzeugender, sondern zwingender Natur ist. (So unterscheidet Plato im *Timaeos* zwischen Vernunft *[nous]* und richtiger Meinung; Vernunft, das Organ für das Vernehmen der Wahrheit, wird durch Belehrung geweckt, die natürlich Ungleichheit zwischen Lehrer und Schüler voraussetzt und als eine milde Form des Zwingens gelten kann, während richtige Meinungen durch argumentierende Überredung entstehen. Richtige Meinungen sind veränderlich, während was die Vernunft, die nur den Göttern und wenigen unter den Menschen verliehen ist, erkennt, unveränderlich besteht.) [13] Im Grunde gilt für Wahrheiten aller Art, was Le Mercier de la Rivière gelegentlich über mathematische Wahrheiten sagt: »Euclide est un véritable despote; et les vérités géométriques qu'il nous a transmises, sont des lois véritablement despotiques.« So hatte schon ein Jahrhundert zuvor Grotius, als er die Macht der absoluten Fürsten zu beschränken wünschte, erklärt, daß »auch Gott nicht bewirken könne, daß zwei mal zwei nicht gleich vier sind«. Ihm ging es darum, das Zwingende der Wahrheit gegen politische Macht auszuspielen, und es dürfte ihm kaum bewußt geworden sein, daß er gleichzeitig die Allmacht Gottes bestritt. Die beiden Bemerkungen mögen verdeutlichen, wie Wahrheit sich in der rein politischen Perspektive ausnimmt – als ein Konkurrent gewissermaßen im Machtkampf. Und die Frage ist lediglich, ob es hinreicht, Macht durch Verfassungen, gesicherte Bürgerrechte, Gewaltenteilung, d. h. durch Faktoren, die selbst dem politischen Bereich entstammen, zu limitieren, oder ob es darüber hinaus noch einer anderen Begrenzung bedarf, die ihren Ursprung außerhalb des politischen Raumes hat und deren Legitimität von den Wünschen und Ansichten der Bürger so unabhängig ist wie der Wille des schlimmsten Tyrannen.

13 *Timaeos* 51 D–52.

Denn vom Standpunkt der Politik gesehen ist Wahrheit despotisch; und dies ist der Grund, warum Tyrannen sie hassen und die Konkurrenz mit ihr fürchten, und warum andererseits konstitutionelle Regierungsformen, die den nackten Zwang nicht ertragen, mit ihr auch nicht auf bestem Fuße stehen. Tatsachen stehen außerhalb aller Übereinkunft und aller freiwilligen Zustimmung; alles Reden über sie, jeder auf korrekter Information beruhende Meinungsaustausch wird zu ihrer Etablierung nicht das Geringste beitragen. Mit unwillkommenen Meinungen kann man sich auseinandersetzen, man kann sie verwerfen oder Kompromisse mit ihnen schließen; unwillkommene Tatbestände sind von einer unbeweglichen Hartnäckigkeit, die durch nichts außer der glatten Lüge erschüttert werden kann. Die Schwierigkeit liegt darin, daß Tatsachenwahrheit wie alle Wahrheit einen Gültigkeitsanspruch stellt, der jede Debatte ausschließt, und die Diskussion, der Austausch und Streit der Meinungen, macht das eigentliche Wesen allen politischen Lebens aus. Die Formen des Denkens und der Mitteilung, die der Wahrheit gelten, werden im politischen Raum notwendigerweise herrschsüchtig; sie ziehen anderer Leute Meinung nicht in Betracht, und in allen Überlegungen das, was andere denken und meinen, mit zu berücksichtigen, ist das Zeichen politischen Denkens.

Politisches Denken ist repräsentativ in dem Sinne, daß das Denken anderer immer mit präsent ist. Eine Meinung bilde ich mir, indem ich eine bestimmte Sache von verschiedenen Gesichtspunkten aus betrachte, indem ich mir die Standpunkte der Abwesenden vergegenwärtige und sie so mit repräsentiere. Dieser Vergegenwärtigungsprozeß akzeptiert nicht blind bestimmte, mir bekannte, von anderen vertretene Ansichten. Es handelt sich hier weder um Einfühlung noch darum, mit Hilfe der Vorstellungskraft irgendeine Majorität zu ermitteln und sich ihr dann anzuschließen. Vielmehr gilt es, mit Hilfe der Einbildungskraft, aber ohne die eigene Identität aufzugeben, einen Standort in der Welt einzunehmen, der nicht der meinige ist, und mir nun von diesem Standort aus eine eigene Meinung zu bilden. Je mehr solcher Standorte ich in meinen eigenen Überlegungen in Rechnung stellen kann, und je besser ich mir vorstellen kann, was ich denken und fühlen würde, wenn ich an der Stelle derer wäre, die dort stehen, desto besser ausgebildet ist dieses Vermögen der Einsicht – das die Griechen *phronesis*, die Lateiner *prudentia* und das Deutsch des 18. Jahrhunderts den Gemeinsinn nannten –, und desto qualifizierter wird schließlich das Ergebnis meiner Überlegungen, meine Meinung sein. (Auf diesem Vermögen einer »erweiterten Denkungsart« beruht die Urteilskraft, wie Kant sie in seiner dritten Kritik entdeckt und beschrieben hat. Er hat sie keineswegs zufällig ursprünglich eine »Kritik des Geschmacks« genannt; merkwürdig bleibt, daß ihm die politische Bedeutung seiner Entdeckung nicht bewußt wurde.) Im Unterschied zu allem philosophischen Denken, das in der Einsamkeit statt hat, in der man in einem ausdrücklichen Sinne mit sich selbst ist, also eigentlich in einer Zweisamkeit, ist dieser Prozeß der Meinungsbildung, sofern er nicht überhaupt im Austausch von Gedanken mit anderen vor sich geht, an die vorgestellte Präsenz derer gebunden, an deren Stelle man mit denkt. Während das philosophische Denken sich aus der Welt des Miteinander ausdrücklich lösen muß, um auch nur zu seinen Gegenständen vorzudringen, bleibt dies Denken der Welt und damit dem Gemeinsinn, der es ermöglicht, an der Stelle jedes anderen zu denken, verhaftet, und die einzige Bedingung für das Inkrafttreten dieses Gemeinsinns ist jenes Desinteressement, das wir aus Kants »uninteressiertem Wohlgefallen« kennen, d. h. die Befreiung aus der Verstrickung in Privat- und Gruppeninteressen. Natürlich kann man sich weigern, von diesem Vermögen Gebrauch zu machen und, im wahren Wortsinne, eigensinnig darauf bestehen, nichts und niemanden in Betracht zu ziehen als die eigenen Interessen oder die Interessen der Gruppe, zu der man gehört. Nichts ist in der Tat verbreiteter als Mangel an Einbildungs- und Urteilskraft, selbst bei hoch differenzierter Intelligenz. Das ändert aber nichts daran, daß die eigentliche Qualität einer Meinung wie auch eines Urteils durchaus von dem Grad der »erweiterten Denkungsart«, der Unabhängigkeit von Interessen, abhängt.

Meinungen eignet keine axiomatische Gewißheit. Sie sind nicht evident, sondern bedürfen der Begründung; sie drängen sich nicht auf, sondern sind das Resultat der Überlegung. Die Überlegung, die zur Meinungsbildung führt – im Unterschied zu dem Denken, das auf Wahrheit abzielt – ist wahrhaft diskursiv; sie durchläuft die Standorte, die in den mannigfaltigen Teilen der Welt gegeben sind, die Ansichten, die sich aus ihnen bieten und einander entgegengesetzt sind, bis sie schließlich aus einer Fülle von solchen parteigebundenen Teilansichten eine relativ unparteiische Gesamtansicht herausdestilliert hat. Vergleicht man diesen Prozeß der Meinungsbildung, der seinem jeweiligen Gegenstand gleichsam nachjagt und ihn ins Freie zwingt, damit er sich von allen Seiten, in all seinen möglichen Aspekten zeige und so für das Verstehen transparent werde, mit einer Aussage, die Wahrheit beansprucht, so wirkt diese eigentümlich undurchsichtig. Die Vernunftwahrheit inspiriert und lenkt das Denken des Verstandes, die Tatsachenwahrheit gibt der Meinungsbildung den Gegenstand vor und hält sie in Schranken; aber diese Wahrheiten, wiewohl sie niemals dunkel sind, sind weder von Natur transparent noch durch weitere Untersuchung transparent zu machen. Sie erhellen, aber sie können selbst nicht weiter erhellt werden – so wie es in der Natur des Lichts liegt, daß es Helle verbreitet, aber selbst nicht erhellt werden kann. Diese allen Wahrheiten eigentümliche Undurchsichtigkeit tritt bei den Tatsachenwahrheiten sehr viel offenkundiger in Erscheinung als bei den Vernunftwahrheiten. Die Vernunftwahrheiten, die für den menschlichen Verstand zwingende Evidenz besitzen, erscheinen ihm als notwendig; was immer sie aussagen, kann gar nicht anders sein, als es ist. Dies aber gerade ist bei Tatsachenwahrheiten nicht der Fall; bei einem Tatbestand läßt sich niemals ein schlüssiger Grund angeben, warum er nun ist, wie er eben ist. Alles, was sich im Bereich menschlicher Angelegenheiten abspielt – jedes Ereignis, jedes Geschehnis, jedes Faktum – könnte auch anders sein, und dieser Kontingenz sind keine Grenzen gesetzt.

Weil alles, was in diesem Bereich geschieht, vom Zufall abhängt, hat es die gesamte Philosophie vor Hegel abgelehnt, den Bereich menschlichen Handelns philosophisch ernstzunehmen. »Nichts Menschliches«, meinte Plato, »ist wert, sehr ernst genommen zu werden«[14], und Sinn in dem »trostlosen Ungefähr« (Kant) der Ereignisabfolgen zu suchen, die den Lauf der Welt bestimmen, schien schlechthin absurd. Erst die moderne Geschichtsphilosophie hat dies versucht, aber diese Versuche sind immer auf Kosten des »trostlosen Ungefähr« des rein Faktischen gegangen. Es hat sich

---

14 *Der Staat*, 604 C. Cf. auch 486 A und Gesetze 803 B.

immer darum gehandelt, das Es-hätte-auch-anders-kommen-Können, das allen Tatsachen inhärent ist, dadurch zu eliminieren, daß man eine »höhere« Notwendigkeit konstruierte, die jenseits des rein Tatsächlichen die Ereignisabfolge lenkt und ihr Sinn verleiht – Kants »verborgener Plan der Natur«, der ein sonst planloses Aggregat menschlicher Handlungen als »ein System« begreift, Adam Smith' »unsichtbare Hand«, Hegels »List der Vernunft« oder Marx' Dialektik der materiellen Verhältnisse. Wenn man Wahrheit mit Notwendigkeit identifiziert, kann es Tatsachenwahrheit in der Tat nicht geben. Führt man diesen Begriff der Notwendigkeit in den Bereich menschlicher Angelegenheiten ein, so ist man zwar anscheinend mit dem »trostlosen Ungefähr« fertiggeworden, aber man hat auch in eins damit die menschliche Freiheit liquidiert, die ohne das Es-hätte-auch-anders-kommen-Können undenkbar ist. Das Einleuchtende dieser Theorien liegt darin, daß sie nicht politische, sondern Geschichtsphilosophien sind, das heißt, daß der Bereich der menschlichen Angelegenheiten aus der Perspektive des Historikers gesehen ist. Da das, was sich ereignet hat, immer die Wirklichkeit bestimmt, in der ich de facto lebe, kann ich mir in der Perspektive der Rückschau sehr schwer vorstellen, daß es auch anders hätte kommen können, weil ich mir ja in eins damit eine vollkommen andere Wirklichkeit vorstellen müßte – und dies ist nicht möglich, weil es solcher potentiellen Wirklichkeiten unendlich viele gibt. Zudem erscheint mir das, was jeweils wirklich ist, schon darum als notwendig, weil es ja schlechthin unabänderlich ist; daran kann auch die Freiheit des Handelns nichts ändern, da ja jede Veränderung der Welt erst einmal von dem, was ist, wie es ist, auszugehen hat. Mit anderen Worten, die Perspektive der Rückschau, welche die historische Perspektive ist, erzeugt eine optische bzw. eine existentielle Illusion: alles, was schließlich wirklich geschieht, schafft alle anderen, einer gegebenen Situation ursprünglich inhärenten Möglichkeiten aus der Welt; man kann sich nun nicht einmal mehr vorstellen, daß es auch anders hätte kommen können.

Diese optische oder existentielle Illusion ist zwar dem rückschauenden Betrachter, nicht aber dem Handeln eigen, das um sich schaut und das Zukünftige bedenkt. Für das Handeln, das entscheidet, wie es weitergehen soll, sind Tatsachen keineswegs notwendig; es verliert das Es-hätte-auch-anders-kommen-Können nie ganz aus den Augen. Daraus folgt aber, daß Tatsachenwahrheiten genauso wenig evident sind wie Meinungen, und dies mag einer der Gründe sein, warum im Bereich der Meinungen es so leicht ist, Tatsachenwahrheiten dadurch zu diskreditieren, daß man behauptet, sie seien eben auch Ansichtssache. Hinzu kommt, daß die Etablierung von Tatbeständen so außerordentlich unsicher ist; man braucht Augenzeugen, die notorisch unzuverlässig sind, oder Dokumente, Aufzeichnungen, Denkmäler aller Art, die insgesamt eines gemeinsam haben, nämlich daß sie gefälscht werden können. Bleibt der Tatbestand strittig, so können zum Zwecke seiner Erhärtung nur weitere Zeugnisse der gleichen Art angeführt werden, aber keine diesen überlegene Instanz, so daß eine Einigung schließlich nur durch Mehrheitsbeschluß zustande kommen kann, genau wie bei Meinungsdifferenzen – ein in diesem Fall gänzlich unbefriedigendes Verfahren, da nichts eine Mehrheit von Zeugen daran hindert, einstimmig falsches Zeugnis abzulegen. Sobald also eine Tatsachenwahrheit den Meinungen und Interessen im politischen Bereich entgegensteht, ist sie mindestens so gefährdet wie irgendeine Vernunftwahrheit.

Ich sagte bereits, daß der Berichterstatter von Tatsachen in mancherlei Hinsicht noch schlechter dran ist als Platos Philosoph, da seine Wahrheit sich auf keinen transzendenten Ursprung berufen kann und nicht einmal die relativ transzendenten Eigentümlichkeiten echter politischer Prinzipien besitzt – wie Freiheit, Gerechtigkeit, Ehre, Mut, die alle menschliches Handeln inspirieren und dann in ihm sich manifestieren können. Dieser Nachteil hat ernstere Folgen, als man gemeinhin denkt, insofern nämlich diese Folgen nicht nur die Person des Wahrheitssagers, sondern die Wahrheit selbst und ihre Chance, sich durchzusetzen und zu überdauern, betreffen. Die Prinzipien, die Handeln inspirieren und sich in ihm manifestieren, können sich an Überzeugungskraft schwerlich mit der zwingenden Evidenz von Vernunftwahrheiten, wohl aber mit der von Meinungen messen. Ich wählte als Beispiel einer philosophischen Wahrheit den sokratischen Satz: »Es ist besser Unrecht zu leiden als Unrecht zu tun«, weil er menschliches Verhalten betrifft und damit politische Implikationen hat. Der Satz, der bis heute der eigentliche Grundsatz aller nicht religiös abgeleiteten Moralphilosophie geblieben ist, kann in der ursprünglichen Form als Beispiel philosophischer Wahrheit dienen, da er auf spezifisch philosophischen Erfahrungen beruht. (Der einzige Konkurrent auf diesem Gebiet ist Kants »kategorischer Imperativ«, den man unschwer in einen Aussagesatz verwandeln kann; die Form des Imperativs geht natürlich auf die Zehn Gebote zurück, die Kant in einer Formel zusammenfassen wollte. Das eigentlich philosophische Prinzip, auf das sich der »kategorische Imperativ« beruft, ist der Satz vom Widerspruch – »Du sollst Dir nicht widersprechen«, und der Dieb widerspricht sich selbst, da er ja das gestohlene Gut nun als sein Eigentum betrachtet und verlangt, daß ein Gesetz, das sagt: »Du sollst nicht stehlen«, das gestohlene wie alles andere Eigentum schützt. Und der Satz vom Widerspruch wiederum verdankt seine grundsätzliche, allen anderen Denkregeln vorangehende Geltung den Denkbedingungen, die Sokrates im »dialektischen« Umgang mit Mitdenkenden entdeckte.) Wir wissen aus den platonischen Dialogen, daß die sokratische Aussage (ein Satz und kein Imperativ!) ursprünglich wie ein Paradox wirkte, daß sie als Meinung unschwer zu widerlegen war, und daß alle Versuche, sie durch Argumente zu erhärten, scheiterten. Was die sokratisch-platonischen Argumente anlangt, so können sie noch nicht einmal die Schüler, geschweige denn die Gegner überzeugen. (So lesen wir zu Beginn des *Staates* von Sokrates' Versuch, seinen Gegner Thrasymachos zu überzeugen, daß Gerechtigkeit besser ist als Ungerechtigkeit; das Ergebnis ist, daß auch seine Anhänger, Glaukon und Adaimantos, gegen ihn argumentieren, aber nicht, weil Thrasymachos sie überzeugt hätte. Sie zeigen nur, daß keines der Argumente schlüssig ist, und Sokrates ist voller Bewunderung, daß sie »so kräftig für die Ungerechtigkeit sprechen konnten und dabei doch nicht überzeugt sind, daß die Ungerechtigkeit besser ist als die Gerechtigkeit«. Sie sind überzeugt, daß Sokrates die Wahrheit gesagt hat, bevor er anfing, sie zu »beweisen«; und alles, was er vorbrachte, vermochte nicht nur nicht die Unüberzeugten zu überzeugen, es konnte nicht einmal die Überzeugten in ihrer Überzeugung bestärken.) [15] Im

---

[15] *Der Staat*, 367. Siehe auch *Crito*, 49 D, wo Sokrates ausdrücklich sagt: »Ich weiß wohl, daß nur wenige so denken und denken werden. Für

Gorgias gibt Sokrates den Grund an, auf dem der Satz beruht: da der Mensch *einer* ist, ist es besser für ihn, mit der ganzen Welt in Widerstreit zu geraten, als mit sich selbst.[16] Unrecht zu tun ist für den, der weiß, daß es unrecht ist, ein Widerspruch; und dieser Widerspruch ist unerträglich. Dies Argument ist für den Philosophen, so wie ihn Plato verstand, in der Tat zwingend, weil für Plato das Denken selbst dialogisch ist: es ist der schweigende Dialog zwischen mir und mir selbst.[17] Sofern die Existenz des Philosophen sich in der denkenden Tätigkeit aktualisiert, besteht sie in einem artikulierten Umgang mit sich selbst; bei dieser Aufspaltung in zwei miteinander in einem schweigenden Dialog begriffenen Partnern, die ja doch in der gleichen Person wohnen und sich nie voneinander trennen können, hat der Denker in der Tat großes Interesse daran, sich nicht in Gesellschaft eines Lügners oder Mörders zu befinden. Der Denker, bzw. der Mensch, sofern er denkt, kann es sich nicht leisten, Unrecht zu tun, weil er die Integrität des Partners im schweigenden Dialog mit sich selbst intakt halten muß, will er nicht die Fähigkeit, zu denken und damit auch zu philosophieren, ganz und gar verlieren.

Für den Menschen, sofern er ein denkendes Wesen ist, ist der sokratische Satz, der in die Moralphilosophie gehört, nicht weniger zwingend evident als mathematische Axiome. Für den Menschen jedoch, sofern er ein handelndes Wesen ist, das sich mehr um die Welt und das Gemeinwohl kümmert als um sein eigenes Wohlbefinden (einschließlich seines Seelenheils), ist der sokratische Satz in keiner Weise überzeugend. Von Machiavelli bis Max Weber ist vielfach auf die verheerenden Konsequenzen für jede Gesellschaft hingewiesen worden, die allen Ernstes begänne, den ethischen Vorschriften Folge zu leisten, die sokratisch, platonisch oder christlich den Menschen im Singular betreffen. Und lange bevor Machiavelli davor warnte, sich christlich innerhalb des politischen Bereichs zu verhalten und Böses mit Gutem zu vergelten – die Welt kann nur

die aber, die dieser Ansicht sind, und die, die es nicht sind, gibt es keine Gemeinschaft; sondern sie müssen unbedingt einander gering achten, wenn einer des andern Grundsätze sieht.«

16 *Gorgias* 482.
17 Siehe vor allem *Theätet*, 189–190 und den *Sophisten*, 263–264.

schlechter werden, wenn Menschen dem Bösen nicht widerstehen –, hat Aristoteles bereits dagegen Einspruch erhoben, den Philosophen Einfluß im Bereich des Politischen einzuräumen. »Das Sichkümmern des Denkenden um sich selbst« (Jaspers) hat mit dem, was man gemeinhin unter Nutzen und Eigennutz versteht, nichts zu tun. Natürlich ist es »nützlicher«, Unrecht zu tun als Unrecht zu leiden; um des denkenden Dialogs mit mir selbst willen muß gerade dieser Nützlichkeitsstandpunkt aufgegeben werden. Und wie soll man, meint Aristoteles, die Sorge um das Gemeinwohl, um die handfesten Interessen der Staaten, denjenigen anvertrauen, die sozusagen aus beruflichen Gründen sich nicht einmal darum kümmern dürfen, was ihnen selbst nützt oder schadet? [18]

Da philosophische Wahrheit den Menschen im Singular betrifft, ist sie ihrem Wesen nach unpolitisch. Will der Philosoph dennoch seine Wahrheit im Widerstreit der Meinungen zur Geltung bringen, so wird er immer den Kürzeren ziehen und aus dieser Niederlage schließen, daß Wahrheit (oder der »Geist«) ohnmächtig ist – was eine Binsenwahrheit ist, der so viel Bedeutung zukommt wie, wenn es dem Mathematiker, der die Quadratur des Kreises nicht zustande bringt, einfallen sollte, sich darüber zu beklagen, daß ein Kreis kein Quadrat ist. Er mag dann, wie Plato, in die Versuchung geraten, sich nach einem philosophisch begabten Tyrannen umzusehen, und in dem glücklicherweise höchst unwahrscheinlichen Fall des Erfolgs könnte er im Namen der »Wahrheit« eine jener Despotien errichten, wie wir sie aus politischen Utopien kennen; politisch gesprochen würde sie sich von anderen Formen der Tyrannis nicht unterscheiden. Sollte es ihm, was wenig wahrscheinlich ist, gelingen, eine solche Herrschaft ohne die Hilfe der Gewalt zu errichten, so hätte er immer noch einen Pyrrhussieg errungen. Denn dies wäre nur möglich, wenn die Vielen zufällig mit ihm und seiner Wahrheit übereinstimmen sollten. Die Wahrheit würde also ihren Sieg nicht ihrer eigenen zwingenden Evidenz verdanken, sondern der Zustimmung der Vielen, die morgen anderer Meinung sein und anderen Ansichten ihre Zustimmung geben können. Der Philosoph, der sich in den Kampf der Meinungen und Mächte einläßt, degradiert auf

[18] In der *Nikomachischen Ethik*, 6. Buch, vor allem 1140b9 und 1141b4.

jeden Fall seine Wahrheit zu einer bloßen Meinung, einer Ansicht unter vielen möglichen und wirklichen Ansichten.

Nun kann aber, gerade weil philosophische Wahrheit dies Element des Zwanges, der *zwingenden* Evidenz enthält, auch der Staatsmann unter gewissen Umständen in die Versuchung geraten, sich dieses Zwanges zu politischen Zwecken zu bedienen. Wie der Philosoph von der Macht der Meinung verführt wird, kann der Politiker von dem Zwang der Wahrheit verführt werden. In der amerikanischen Unabhängigkeits-Erklärung hat Jefferson bekanntlich gewisse »Wahrheiten für zwingend evident« *(self-evident)* erklärt, weil er verständlicherweise wünschte, dasjenige, worüber unter den Männern der Revolution grundsätzliche Einstimmigkeit herrschte, außerhalb aller Diskussion zu stellen; mathematischen Axiomen gleich sollten sie Überzeugungen ausdrücken, denen zuzustimmen nicht in das Belieben der Menschen gestellt ist, sondern die sich dem menschlichen Geist als evident darbieten.[19] Indem er jedoch erklärte: »*Wir halten* diese Wahrheiten für zwingend evident«, konzedierte er bereits, wenngleich ohne dessen gewahr zu werden, daß der Satz: »Alle Menschen sind gleich geschaffen« nicht zwingend evident, sondern das Resultat eines Übereinkommens ist – daß mithin die Gleichheit der Menschen, sofern sie politisch relevant sein soll, eine Angelegenheit der Meinung und nicht »die Wahrheit« ist. Dieser politischen Meinung entsprechen zwar philosophische und religiöse Aussagen, die Anspruch auf Wahrheit erheben – etwa die Gleichheit der Menschen vor Gott oder angesichts des Todes oder die Feststellung, daß alle Menschen zu der gleichen Gattung eines *animal rationale* gehören; aber keine dieser Aussagen hat jemals praktisch politische Konsequenzen gehabt, weil der ausgleichende Faktor – Gott, Tod oder die Natur der Gattung Mensch – die Sphäre transzendiert, in der das menschliche Leben sich abspielt. Solche Wahrheiten haben ihren Platz nicht in dem zwischen-, sondern einem übermenschlichen Bereich, und davon kann bei dem Begriff politischer Gleichheit weder im modernen noch im antiken Sinn die Rede sein. Daß alle Menschen als Gleiche geschaffen sind, ist weder zwingend evident noch kann es bewiesen werden. Wir sind dieser

---

[19] Siehe Jeffersons »Draft Preamble to the Virginia Bill Establishing Religious Freedom«.

Ansicht, weil Freiheit nur unter Gleichen möglich ist, und weil wir meinen, daß die Freuden freien Zusammenlebens und Miteinanderredens dem zweifelhaften Vergnügen, über andere zu herrschen, vorzuziehen sind. Man könnte fast sagen, dies sei eine Sache des Geschmacks, und solche Geschmackssachen sind politisch von größter Wichtigkeit, weil es wenig Dinge gibt, durch die Menschen sich so grundlegend voneinander unterscheiden wie durch sie. Die Qualität eines Menschen, ob wir seinen Umgang suchen oder ihn meiden, hängt davon ab, wie er sich in solchen Fragen entscheidet. Das hindert aber nicht, daß sie Angelegenheiten der Meinung und nicht der Wahrheit sind – wie denn auch Jefferson wider Willen zugab. Ihre Geltung hängt an freien Übereinkommen, die ihrerseits durch diskursives und repräsentatives Denken zustande kommen, um dann mit den politisch üblichen Mitteln der freien Mitteilung und Diskussion verbreitet zu werden.

Das sokratische »Es ist besser Unrecht zu leiden als Unrecht zu tun« ist eine Aussage und kein Gebot, und zwar eine Aussage, die Wahrheitsanspruch stellt, und also keine Meinung ist. Politisch dürfte der Satz ohne alle Konsequenzen geblieben sein; es gibt keine politische Institution, die ihm entspricht. Unleugbar aber ist seine außerordentliche Bedeutung für das praktische Verhalten, die sich nur mit religiös verankerten Geboten, die für das Verhalten der Gläubigen absolut bindend sind, messen kann. Widerspricht dies nicht der gängigen Überzeugung von der Ohnmacht philosophischer Wahrheit, die sich zudem noch auf die in den platonischen Dialogen so zahlreich belegte Unmöglichkeit berufen kann, die Gültigkeit solcher Wahrheiten zu beweisen? Was dem Wahrheitsanspruch des sokratischen Satzes Geltung verschafft hat, ist offensichtlich eine Beweisführung sehr eigener Art, nämlich daß Sokrates sein Leben für diese Wahrheit einsetzte – nicht als er sich dem Gericht in Athen stellte, sondern als er sich weigerte, sich der Vollstreckung des Todesurteils zu entziehen. (Das Urteil tat Sokrates Unrecht, aber es war legal unanfechtbar; sich ihm zu entziehen, hätte bedeutet, Unrecht zu tun.) Sokrates hat ein Exempel statuiert, das in Tausenden von Jahren unvergessen geblieben ist, und diese Probe aufs Exempel ist in der Tat die einzige »Beweisführung«, deren philosophische Wahrheiten fähig sind. Nietzsche hatte ganz recht, wenn er sagte: »Ich mache mir aus einem Philosophen gerade so viel, als er imstande ist, ein Beispiel zu geben.« [20] Und genauso wie philosophische Wahrheit denjenigen, für die sie nicht zwingend evident ist, nur durch die Praxis »bewiesen« werden kann, kann sie politisch nur relevant werden, wenn es ihr gelingt, sich in Gestalt eines Beispiels zu manifestieren. Jedenfalls gilt dies für die Moralphilosophie, deren Neigung zur Kasuistik ja bekannt ist; kein ethisches Prinzip, das nicht einem göttlichen Gebot entspricht, kann anders als durch das Beispiel einleuchtend verifiziert werden. So machen wir uns klar, was Mut ist, indem wir an Achill denken, und wir werden an Jesus von Nazareth oder an den heiligen Franziskus denken, wenn wir wissen wollen, was Gutsein ist. Die Beispiele lehren oder überzeugen durch Inspiration, so daß es uns scheint, wir ahmten nach – die *imitatio Christi* z. B. –, wir verhielten uns einem Beispiel gemäß, wenn immer wir uns im Sinne eines moralischen Prinzips verhalten. Dies ist auch der Grund, warum, wie Jefferson gelegentlich anmerkt, »die Lektüre von König Lear ein wirksameres Gefühl von Kindespflicht erregen wird als alle die trockenen ethischen und theologischen Bände, die je darüber geschrieben worden sind«.[21] »Selbst in der Religion«, meint Kant, »wo gewiß ein jeder die Regel seines Verhaltens aus sich selbst hernehmen muß, ... wird doch nie durch allgemeine Vorschriften, die man entweder von Priestern oder Philosophen bekommen oder auch aus sich selbst genommen haben mag, so viel ausgerichtet werden, als durch ein Beispiel der Tugend oder Heiligkeit.« Kant spricht in diesem Zusammenhang von dem »exemplarischen Urheber«, den man nicht nachahme, sondern dem man »nachfolge«, bis man zu »denselben Quellen gekommen ist, woraus jener selbst schöpfte«.[22]

Was den Philosophen anlangt, so ist diese Verifizierung einer theoretischen Aussage durch die Probe aufs Exempel eine Grenzerfahrung, so wie man wohl die gesamte Moralphilosophie, in der allein sie möglich ist, für ein Grenzgebiet zwischen Philosophie und Politik halten darf. Denn indem der Philosoph ein Exempel statuiert und so die Vielen auf dem einzigen, ihm angemessenen und

---

20 In »Schopenhauer als Erzieher«.
21 In einem Brief an W. Smith vom 13. November 1787.
22 In der *Kritik der Urteilskraft*, § 32.

erlaubten Weg »überredet«, ihm zu glauben und nachzufolgen, hat er bereits angefangen zu handeln. Heutzutage, wo es wohl keine philosophische Aussage, sie mag noch so herausfordernd sein, gibt, die ernst genug genommen würde, um das Leben ihres Urhebers zu gefährden, ist auch diese einzige Chance, einer philosophischen Wahrheit Geltung im Bereich des Politischen zu verschaffen, verschwunden. Nichtsdestotrotz ist es in unserem Zusammenhang bemerkenswert, daß es für den Verkünder einer Vernunftwahrheit diese Möglichkeit der Verifizierung doch im Prinzip gibt, denn sie existiert nicht für den, der lediglich eine Tatsachenwahrheit ausspricht. Tatsachenwahrheiten enthalten keine Prinzipien, die das Handeln inspirieren oder an denen es sich orientieren könnte; sie machen nichts manifest außer eben einen Tatbestand. Sollte jemand auf die Idee kommen, sein Leben für die Feststellung eines Tatbestandes aufs Spiel zu setzen, um ihn zu verifizieren, so hätte er einfach fehlgegriffen; denn was in seiner Tat manifest würde, wäre Mut oder auch Eigensinn, aber weder die Wahrheit seiner Aussage noch seine Wahrhaftigkeit. Denn warum sollte nicht auch ein Lügner hartnäckig genug sein, um bei seinen Lügen zu bleiben, vor allem im politischen Bereich, wo er sich verpflichtet fühlen mag, aus patriotischen Motiven oder in der Vertretung legitimer Gruppeninteressen nicht die Wahrheit zu sagen?

IV

Im Unterschied zu Vernunftwahrheiten, deren Gegensätze Irrtum, Illusion oder bloße Meinung sind, die alle nichts mit der subjektiven Wahrhaftigkeit zu tun haben, ist der Gegensatz der Tatsachenwahrheit die bewußte Unwahrheit oder Lüge. Natürlich gibt es auch hier den Irrtum, aber er ist nicht spezifisch; entscheidend ist, daß in bezug auf Tatsachen wir noch auf einen anderen Feind der Wahrheit stoßen, und daß absichtliche Unwahrheiten einer prinzipiell anderen Gattung von Aussagen angehören als Feststellungen, richtige oder irrtümliche, die nichts anderes beabsichtigen, als zu sagen, was ist. Die Feststellung eines Tatbestandes – Deutschland fiel im August 1914 in Belgien ein – ist an sich nicht politisch und erhält politische Bedeutung erst, wenn man ihn in einen entsprechenden Zusammenhang stellt; aber die gegenteilige Aussage (Belgien fiel in Deutschland ein), die Clemenceau, der die Künste der Geschichtsfälschung im großen Maßstab noch nicht kannte, für absurd hielt, ist von vornherein politisch und kann anders gar nicht verstanden werden. Sie stellt den Versuch dar, die Vergangenheit zu ändern, und alle Aussagen, die auf Veränderung des Bestehenden abzielen, sind Formen des Handelns. Das gleiche gilt, wenn der Lügner nicht über die Macht verfügt, seine Fälschung öffentlich als Wahrheit zu etablieren, und daher erklärt, dies sei eben seine Ansicht von der Sache, für die er dann das Recht der Meinungsfreiheit in Anspruch nimmt. Subversive Gruppen haben sich dieses Mittels häufig bedient, und in einer politisch ungeschulten Öffentlichkeit kann die daraus entstehende Verwirrung beträchtlich sein. Die Trennungslinie zwischen Tatsachen und Meinungen zu verwischen, ist eine der Formen der Lüge, die wiederum insgesamt zu den Modi des Handelns gehören.

Während das Lügen immer primär ein Handeln ist, ist das Wahrheitsagen, gleich ob es sich um Tatsachen- oder Vernunftwahrheiten handelt, dies gerade nicht. Gewiß kann man versuchen, mit der Betonung bestimmter Tatsachen eine politische Rolle zu spielen und sich zu ihrer Verbreitung der politischen Künste des Überredens und Überzeugens zu bedienen, was zumeist auf nichts anderes hinausläuft als zu versuchen, bestimmte Tatsachen in den Dienst von Gruppeninteressen zu stellen. Aber so wie der Philosoph einen Pyrrhussieg gewinnt, wenn es ihm gelingt, seine Wahrheit als herrschende Meinung zu etablieren, bringt der Berichterstatter, sobald er seine Information in den Dienst von Gruppeninteressen und bestimmten Machtformationen stellt, sich um die einzige Chance, unliebsamen Tatsachen Gehör zu verschaffen, und das ist seine persönliche Glaubwürdigkeit. Wer im Namen von Interessen und Macht spricht, kann nicht mehr glaubwürdig sein; er kann als Person für das, was entweder unglaubwürdig klingt oder den Interessen von vielen zuwider ist, nicht mehr bürgen. Seine Glaubwürdigkeit gerade hängt an seiner Unabhängigkeit und Integrität. Es gibt im Politischen kaum einen Typus, der so berechtigten Zweifel an seiner Wahrhaftigkeit hervorruft als der berufsmäßige Wahrheitssager, der eine prästabilierte Harmonie zwischen Interessen und Wahrheit vorspiegelt. Der Lügner hingegen braucht sich solch zweifelhafter Mittel nicht zu bedienen, um sich politisch zur Geltung zu bringen; er hat den großen Vorteil, daß er immer schon mitten in der Politik ist. Was immer er sagt, ist nicht ein Sagen, sondern ein Handeln; denn er sagt, was nicht ist, weil er das, was ist, zu ändern wünscht. Er ist der große Nutznießer der unbezweifelbaren Verwandtschaft zwischen dem menschlichen Vermögen, Dinge zu ändern, und der rätselhaften Fähigkeit zu *sagen* »Die Sonne scheint«, während es draußen Bindfäden regnet. Wäre unser Verhalten wirklich so bedingt, wie manche Verhaltensforscher sich einreden, so würden wir wohl nie imstande sein, dies kleine Mirakel zu vollbringen. Das aber heißt, daß unsere Fähigkeit zu lügen – aber keineswegs unser Vermögen, die Wahrheit zu sagen – zu den wenigen Daten gehört, die uns nachweislich bestätigen, daß es so etwas wie Freiheit wirklich gibt. Die Verhältnisse, unter denen wir leben und die uns bedingen, können wir nur ändern, weil wir trotz aller Bedingtheit relativ frei von ihnen sind, und es ist diese Freiheit, die das Lügen ermöglicht und die gleichzeitig von ihm mißbraucht und pervertiert wird. Wenn es also, wie wir sahen, zum Wesen der Geschichtsschreibung gehört, das menschliche Geschehen aus dem Aspekt der Notwendigkeit zu verstehen und mißzuverstehen, so gehört es zum Wesen der Politik, die Möglichkeiten der Freiheit zu überschätzen. Und wie der Historiker immer geneigt sein wird, von Freiheit nicht allzuviel zu halten, so wird der Politiker immer dazu neigen, es mit der Wahrheit nicht zu genau zu nehmen und mit Tatbeständen nach Belieben umzuspringen.

Zwar dürfte das organisierte Lügen auch im Bereich des Handelns ein Randphänomen sein, aber entscheidend ist, daß das Gegenteil davon, das einfache Sagen dessen was ist, zu keinem wie immer gearteten Handeln von sich aus führt; unter normalen Umständen dürfte es eher Menschen veranlassen, sich damit abzufinden, daß die Dinge nun einmal so sind, wie sie sind. (Dies soll natürlich nicht heißen, daß die Veröffentlichung von Tatsachen nicht eine legitime Waffe im politischen Kampf ist oder daß Tatbestände aller Art häufig und legitimerweise die Forderungen von gesellschaftlichen oder ethnischen Gruppen fördern können.) Wahrhaftigkeit ist nie zu den politischen Tugenden gerechnet worden, weil sie in der Tat wenig zu dem eigentlich politischen Geschäft, der Veränderung der Welt und der Umstände, unter denen wir leben, beizutragen hat. Dies wird erst anders, wenn ein Gemeinwesen im Prinzip sich der Lüge als einer politischen Waffe bedient, wie es etwa im Falle der totalen Herrschaft der Fall ist; dann allerdings kann Wahrhaftigkeit als solche, auch wenn sie von keinerlei Gruppen- oder Machtinteressen unterstützt wird, zu einem politischen Faktor ersten Ranges werden. Wo prinzipiell und nicht nur gelegentlich gelogen wird, hat derjenige, der einfach sagt, was ist, bereits zu handeln angefangen, auch wenn er dies gar nicht beabsichtigte. In einer Welt, in der man mit Tatsachen nach Belieben umspringt, ist die einfachste Tatsachenfeststellung bereits eine Gefährdung der Machthaber.

Aber auch in dieser Situation wird das Sagen von Tatsachenwahrheiten dem Aussagen von Vernunftwahrheiten gegenüber im Nachteil sein. Ich erwähnte bereits die irritierende Kontingenz, die allen Tatsachen anhaftet; da es sich immer auch anders hätte verhalten können, besitzen Fakten keinerlei zwingende Evidenz für den menschlichen Verstand, sie sind zumeist noch nicht einmal einleuchtend. Da der Lügner »Tatsachen« frei erfinden oder umgestalten kann, hat er die Möglichkeit, sich nach dem zu richten, was seinem Publikum gerade gelegen kommt, oder auch einfach nach dem, was gerade zu erwarten steht. Auf jeden Fall wird das, was er vorzutragen hat, einleuchtender klingen, gleichsam logischer, da das Element des Unerwarteten – das eigentliche Merkmal aller Ereignisse – wegmanipuliert ist. Es ist nicht nur die Vernunftwahrheit, die in der Hegelschen Formulierung den gesunden Menschenverstand auf den Kopf stellt: auf die Wirklichkeit ist der gesunde Menschenverstand zumeist genausowenig vorbereitet, selbst wenn sie keine speziellen Interessen verletzt.

Das organisierte Manipulieren von Tatbeständen und Meinungen ist ein relativ neues Phänomen, mit dem wir im Osten durch das ständige Umschreiben der Geschichte, im Westen durch die Propagandakünste des »image-making« und durch das Verhalten der Staatsmänner nachgerade überall vertraut sind. Die traditionelle politische Lüge, wie wir sie aus der Geschichte der Diplomatie und der Staatskunst kennen, pflegte entweder wirkliche Geheimnisse zu betreffen – Fakten, die öffentlich unbekannt waren – oder Absichten, denen ohnehin nicht die gleiche Verläßlichkeit zukommt wie vollendeten Tatsachen. Was nur in uns selbst vorgeht, also Absichten, Motive und dergleichen, ist nicht Wirklichkeit, sondern Möglichkeit, und was als Lüge beabsichtigt war, kann immer noch Wahrheit werden. Von all dem kann bei dem organisierten politischen Lügen, mit dem wir heutzutage konfrontiert sind, nicht die Rede sein. Diese Lügen betreffen keine Geheimnisse, sondern Tatbestände, die allgemein bekannt sind. Die zeitgenössische Geschichtsschreibung in Sowjetrußland kann ungestraft und sehr wirksam Fakten verleugnen, an deren Realität sich noch jedermann erinnern kann; und das gleiche gilt für das im Westen so beliebte *image-making*, bei dem man ungestraft alles unter den Tisch fallen lassen kann, was das gerade erwünschte *image* eines Ereignisses, einer Nation oder einer Person zu stören geeignet ist. Denn dieses »Bild«, das die politische Propaganda verfertigt, soll nicht wie ein Porträt dem Original schmeicheln, sondern es ersetzen; und dieser Ersatz kann natürlich durch die Techniken der Massenmedien ungleich wirksamer in der Öffentlichkeit verbreitet werden, als es das Original je von sich aus vermag. Schließlich dürfen wir nicht vergessen, daß wir heute auch außerhalb dieser Propagandatechniken mit angesehenen Staatsmännern konfrontiert sind, die wie Adenauer oder de Gaulle jahrzehntelang offenbare Unwahrheiten zur Grundlage ihrer Politik haben machen können – wie daß Frankreich unter die Sieger des Zweiten Weltkriegs zu rechnen oder daß »die Barbarei des Nationalsozialismus nur von einem relativ kleinen Prozentsatz des deutschen Volkes« akzeptiert worden sei.[23] Das »credibility gap« des ehemaligen Präsidenten der Vereinigten Staaten, d. h. die Kluft zwischen der faktischen Realität und den öffentlichen Aussagen von Lyndon B. Johnson, ist notorisch und hat in Amerika, wo man auf Wahrhaftigkeit mehr Gewicht legt als anderswo, erhebliches Aufsehen erregt. Aber selbst hier spielte diese Seite der Aera Johnson in

---

[23] Für Frankreich, siehe Herbert Lüthys ausgezeichneten Artikel »De Gaulle: Pose and Policy« in *Foreign Affairs*, Juli 1965. Für Adenauer zitiere ich die amerikanische Ausgabe des Ersten Bandes seiner Erinnerungen (Memoirs 1945–1953, 1966, S. 89), wo er sich allerdings auf die Besatzungsmächte zur Legitimierung dieser Äußerung beruft. Er hat sie dann ja aber vielfach in den Jahren seines Kanzleramts wiederholt.

der Opposition gegen die Politik der Regierung kaum eine Rolle. Obwohl die ganze Welt wußte, daß die Studentenunruhen in Frankreich und der von ihnen ausgelöste Generalstreik von der Kommunistischen Partei und ihrer Gewerkschaft erbittert bekämpft wurden, konnte de Gaulle es sich leisten zu behaupten, die Kommunisten hätten in Frankreich die Macht ergreifen wollen, und dies in einem Augenblick, wo auf Grund des Streiks ihm die allgewaltigen Kommunikations- und Manipulationsmittel des Rundfunks und des Fernsehens nicht zur Verfügung standen. Die Lüge kam ihm gelegen, da er von der Armee offenbar gezwungen wurde, einen Rechtskurs zu steuern. Aber entscheidend ist, daß man sich allenthalben in den letzten Jahrzehnten an diese Art Politik so gewöhnt hat, daß sich kaum jemand mehr daran stößt.

Alle diese Lügen, auch wenn ihre Urheber sich dessen nicht bewußt sind, sind potentiell gewaltsam; jedes organisierte Lügen tendiert dahin, das zu zerstören, was es zu negieren beschlossen hat, wiewohl nur die totalitären Gewalthaber das Lügen bewußt als den Beginn des Mordens zu handhaben wissen. Als Hitler in der berühmten Reichstagsrede vom 30. Januar 1939 erklärte, »das Judentum (zettele) einen internationalen Weltkrieg zur Ausrottung der arischen Völker Europas« an und diesmal würde das Judentum dabei untergehen [24], hatte er in der Sprache totalitärer Machthaber klar angekündigt: Ich bereite den Krieg vor und die Ausrottung des Judentums. Als Trotzki erfuhr, daß sein Name in der Geschichte der Russischen Revolution in Stalins Version nicht vorkam, mußte er wissen, Stalin beabsichtigte, ihn zu ermorden – schon weil es ja offenbar leichter ist, einen öffentlich bekannten Namen aus den Geschichtsbüchern zu entfernen, wenn man den Namensträger gleichzeitig aus der Welt entfernen kann. So läuft der Unterschied zwischen traditionellen und modernen politischen Lügen im Grunde auf den Unterschied zwischen Verbergen und Vernichten hinaus.

Es war ferner traditionellen Lügen eigen, daß die Unwahrheiten immer nur Einzelheiten betrafen und auch nicht dazu bestimmt waren, buchstäblich jedermann zu täuschen; sie dienten im Wesentlichen dazu, bestimmte Dinge vor einem Feind geheimzuhalten und

---

24 Die viel zitierte Stelle dieser Rede findet man in *Der Führer vor dem ersten Reichstag Großdeutschlands*, 1939.

nur ihn zu täuschen. Rückblickend gesehen war durch diese beiden Einschränkungen der Bereich der politischen Lüge so begrenzt, daß sie uns nahezu harmlos vorkommt. Schließlich stehen Tatsachen stets in einem bestimmten Zusammenhang, in welchen die vereinzelte Lüge, die es nicht unternimmt, den gesamten Kontext mit zu verändern, gleichsam ein Loch reißt. Der Historiker weiß, wie man solche Lügen aufdecken kann, indem man nämlich Unvereinbarkeiten, Lücken oder offensichtlich zusammengeflickte Partien nachweist. Solange der Zusammenhang intakt bleibt, zeigt sich die Lüge gewissermaßen von selbst. Die zweite Einschränkung betrifft diejenigen, deren Handwerk das Lügen ist. Sie gehörten dem engen Kreis von Staatsmännern und Diplomaten an, die, solange sie unter sich waren, die Wahrheit nicht nur wußten, sondern auch aussprachen und so bewahren konnten. Sie mochten andere betrügen, sie waren nicht betrogene Betrüger, nicht das Opfer ihrer eigenen Lügen; den Selbstbetrug brauchten sie nicht zu fürchten. Und dies gerade trifft auf das organisierte, Massen erfassende Lügen der modernen Welt nicht mehr zu; die in der Sache selbst liegenden mildernden Umstände und Begrenzungen sind verschwunden.

Was bedeutet das für die Problematik des Lügens und warum können die modernen *image-makers* nicht lügen, ohne sich selbst zu belügen? Warum ferner ist die Selbsttäuschung die gefährlichste Form des Lügens, und zwar sowohl für die Welt als auch für den Lügner? Spricht es nicht eher für die Person des Lügners und seine Wahrheitsliebe, wenn er andere nicht zu täuschen imstande ist, bevor er nicht sich selbst getäuscht hat, wenn er – wie Antonio im »Sturm« – erst »zu solchem Sünder sein Gedächtnis machen muß, daß er der eigenen Lüge traut«? Schließlich müssen wir fragen – und dies ist sicher die beunruhigendste Frage –, wenn die modernen Lügen sich nicht mit Einzelheiten zufrieden geben, sondern den Gesamtzusammenhang, in dem die Tatsachen erscheinen, umlügen und so einen neuen Wirklichkeitszusammenhang bieten, was hindert eigentlich diese erlogene Wirklichkeit daran, zu einem vollgültigen Ersatz der Tatsachenwahrheit zu werden, in den sich nun die erlogenen Einzelheiten ebenso nahtlos einfügen, wie wir es von der echten Realität her gewohnt sind?

Eine mittelalterliche Anekdote mag erläutern, daß es unter Umständen gar nicht so einfach ist, andere zu täuschen, ohne selbst getäuscht zu werden. Sie berichtet davon, wie eine Schildwache, die wie üblich auf dem Wachtturm der Stadt nach Feinden ausspäht, beschloß, der Stadt einen Streich zu spielen und im tiefsten Frieden das Anrücken der Feinde zu melden. Der Erfolg war überwältigend; nicht nur lief die ganze Stadt zu den Mauern, sondern als letzter lief die Schildwache. Der Spaß hat einen ernsten Untergrund; er zeigt an, wie sehr unser Realitätsbewußtsein davon bestimmt ist, daß wir die Welt mit anderen teilen, und welche Charakterstärke dazu gehört, an Wahrem oder Erlogenem festzuhalten, an das andere nicht glauben oder das ihnen unbekannt ist. Das besagt aber, daß der Lügner um so sicherer das Opfer seiner eigenen Lügen wird, je erfolgreicher er sie in der Welt hat verbreiten können. Hinzu kommt, daß der betrogene Betrüger natürlich, eben weil er an seine Lügen selbst glaubt, sehr viel glaubwürdiger erscheinen wird als derjenige, der bewußt und souverän die Unwahrheit sagt und nicht sich selbst in die Falle geht. Nur Selbsttäuschung vermag den Anschein der Wahrhaftigkeit zu erwecken, und in einem Streit über Fakten, in dem jeder den anderen des Lügens zeiht, ist sehr oft der Eindruck, den die Person macht, entscheidend.

In der Beurteilung des Unterschieds zwischen Lügen und Verlogenheit werden nur wenige zu Karl Jaspers' Einsicht kommen: »Recht lügen können nur die ganz Wahrhaftigen«.[25] Den vielfachen Künsten der Selbsttäuschung, von der Lebenslüge bis zur grundsätzlichen Verlogenheit, steht die öffentliche Meinung recht tolerant gegenüber, und diese Toleranz geht zumeist auf Kosten des souveränen, kaltblütigen Lügens. Immerhin gibt es ein paar Beispiele aus der Literatur, in denen sich eine andere Beurteilung dieser Dinge geltend macht. Da gibt es etwa die berühmte Klosterszene zu Beginn der »Brüder Karamasoff«, in der der Vater, ein eingefleischter Lügner, den Staretz fragt: »Was soll ich tun, um das ewige Leben zu erwerben?« Und der Staretz antwortet: »Die Hauptsache ist, belügen Sie sich nicht selbst. Wer sich selbst belügt und auf seine eigene Lüge hört, kommt schließlich dahin, daß er keine einzige Wahrheit weder in sich noch um sich unterscheidet.«[26]

25 In *Von der Wahrheit*, 1947, S. 559.
26 Zitiert nach der Ausgabe des Piper Verlags, 1952, S. 71/2.

Und dies ist in der Tat das Entscheidende. Wollte man den Satz ›Es ist besser andere zu belügen als sich selbst‹, den ich für wahr halte, durch Argumente zwar nicht beweisen aber stützen, so müßte man zu dem, was Dostojewski sagt, nämlich, daß nur der kaltblütige Lügner sich noch des Unterschieds zwischen Wahrheit und Unwahrheit bewußt ist, noch hinzufügen, daß der Wahrheit mit dem Lügner besser gedient ist als mit dem Verlogenen, der auf seine eigenen Lügen hereingefallen ist; sie ist doch nicht ganz und gar aus der Welt herausmanövriert, in dem Lügner selbst hat sie ihre letzte Zuflucht gefunden. Die Verletzung, die der Welt zugefügt ist, ist nicht endgültig, und ebenso ist die Verletzung, die der Lügende sich selbst zufügt, nicht endgültig: er hat gelogen, aber er *ist* nicht verlogen. Und die Verletzung der Welt ist nicht vollständig; denn jemand, der auf eigene Faust lügt, kann nicht mehr als partikularen Schaden anrichten.

Um diese mögliche Endgültigkeit und Vollständigkeit, die früheren Zeiten unbekannt war, handelt es sich aber bei der organisierten Manipulation von Tatbeständen, der wir heute überall begegnen. Auch in Ländern, in denen die Staatsmacht die Nachrichtenverbreitung noch nicht monopolisiert hat, und damit die Entscheidungsgewalt darüber, was offiziell als Tatsache anerkannt wird, sorgen gigantische Interessenorganisationen dafür, daß sich eine Art von Staatsräson-Mentalität, die früher nur die Außenpolitik bestimmte und deren böseste Ausschreitungen in wirklichen Notfällen in Erscheinung traten, sich weiter Schichten der Völker bemächtigt. Hinzu kommt, daß die Techniken der Geschäftsreklame tief in die innenpolitischen Propagandamethoden der Staaten eingedrungen sind, wo man den Völkern Meinungen, Gesinnungen und bestimmte politische Praktiken nicht anders verkauft als Seifenpulver und Parfums. Im Unterschied zu Lügen der Außenpolitik, die sich immer an einen Feind von außen wenden und nicht unbedingt das innenpolitische Leben der Nation zu bestimmen brauchen, sind die auf den inneren Gebrauch zugeschnittenen *images* eine große Gefahr für die gesamte Erfahrungswirklichkeit des Volkes, und die ersten Opfer dieser modernen Art zu lügen sind natürlich die Hersteller dieser Fiktionen selbst. Die bloße Vorstellung von der ungeheuren Zahl derer, die morgen schon bereit sein werden, ihnen ihre Produkte abzunehmen, ist überwältigend. Wie kann etwas nicht stimmen, wovon so viele überzeugt sind? Und selbst wenn die eigentlichen und zumeist öffentlich nicht bekannten Urheber dieser Lügen noch wissen, welche bestimmten Zwecke sie zu erreichen gedachten, welche innenpolitischen oder außenpolitischen Gegner diffamiert werden sollten, einfach wegen der Massenhaftigkeit der Opfer ist das Resultat unweigerlich, daß ganze Völkergruppen oder Klassen oder Nationen sich an Lügen statt an Tatsachen orientieren.

Was dann folgt, geschieht schon fast automatisch. Die Täuscher wie die Getäuschten müssen, schon um ihr »Weltbild« intakt zu halten, sich vor allem darum kümmern, daß ihr Propaganda-*image* von keiner Realität gefährdet wird. So kommt es, daß diese Art Propaganda sich viel weniger durch den wirklichen Gegner und feindliche Interessen, deren Informationen ohnehin nicht akzeptiert werden, als durch Leute bedroht fühlt, die innerhalb der eigenen Gruppe darauf bestehen, von Tatbeständen und Geschehnissen zu sprechen, die dem *image* nicht entsprechen. Die moderne Geschichte ist voll von Beispielen, in denen die einfache Berichterstattung als gefährlicher und aggressiver empfunden wird als feindliche Propaganda. Mit anderen Worten, das in der Politik so wichtige Unterscheidungsvermögen zwischen Feind und Freund kann nicht mehr funktionieren. Dabei darf, was wir hier gegen Selbsttäuschung vorzubringen haben, nicht mit »idealistischen« Argumenten gegen das Lügen überhaupt und die uralten Künste, den Feind zu täuschen, verwechselt werden. Es handelt sich hier nicht, oder noch nicht, um moralische Fragen. Politisch gesprochen geht es darum, daß die modernen Täuschungskünste dazu angetan sind, außenpolitische Konflikte in innenpolitische zu transformieren, also z. B. einen internationalen Streit oder einen Kampf zwischen bestimmten gesellschaftlichen Gruppen zurückschlagen zu lassen auf das innenpolitische Leben der Nation oder die Verhältnisse innerhalb einer Klasse. Wie diese Bumerang-Effekte sich in der Periode des Kalten Krieges auswirkten, ist bekannt genug. Konservative Kritiker der Massendemokratie haben häufig auf die Gefahren dieser Staatsform für die Außenpolitik hingewiesen (ohne die Monarchien und Oligarchien eigentümlichen Gefahren zu erwähnen); die Stärke ihrer

Argumentation liegt in der unleugbaren Tatsache, daß Täuschung ohne Selbsttäuschung in voll entwickelten Demokratien nahezu unmöglich ist.

Unter den gegenwärtigen Verhältnissen globalen Verkehrs und weltumspannender Kommunikation ist keine Macht auch nur annähernd groß genug, um diese Propaganda-Fiktionen hermetisch abzusichern. Daher ist die Lebensdauer dieser Fiktionen relativ kurz bemessen; sie pflegen nicht erst aufzufliegen, wenn die Dinge ernst werden und die Wirklichkeit den bösen Spielen der Propaganda ein Ende setzt. Solange es einen Propagandakrieg zwischen widerstreitenden *images* gibt, machen sich partielle Tatsachen zumindest immer wieder geltend und drohen, den ganzen Betrieb stillzulegen. Jedoch ist dies weder die einzige noch die entscheidende Weise, in der sich die Wirklichkeit an denen rächt, die sie zu ignorieren beschlossen haben. Auch eine Weltregierung, also eine moderne Version der Pax Romana, würde die Lebensdauer der Propagandafiktionen kaum beträchtlich verlängern. Was unter den Bedingungen eines geschlossenen, von außen ungestörten Systems passieren würde, kann man am besten an den relativ hermetisch abgedichteten Systemen totalitärer Herrschaftsapparate ablesen, die immer noch den wirksamsten Schutz für Ideologien und Fiktionen gegen Wirklichkeit und Wahrheit bieten. Aber auch dort stellt sich heraus, daß es gar nicht so einfach ist, mit der Hartnäckigkeit von Tatsachen fertigzuwerden. Was soll z. B. (wie wir in einem Memorandum aus dem Jahre 1935 aus der Smolensker Gegend lesen) nun, da alle Mitglieder des russischen Zentralkomitees als Verräter entlarvt worden sind, »mit den Reden Sinowjews, Kamenews, Rykows, Bucharins et al. geschehen, die sie auf Parteikongressen, in den Sitzungen des Zentralkomitees, der Komintern, auf den Sowjetkongressen usw. gehalten haben? Was mit Lenins Schriften, die Kamenew herausgegeben hat? Was macht man mit einer Nummer der ›Kommunistischen Internationale‹, in der ein Artikel von Trotzki steht? Konfisziert man einfach die Nummer?« [27] Solche

---

[27] Das Memorandum findet sich in den von Merle Fainsod unter dem Titel *Smolensk under Soviet Rule*, 1958, herausgegebenen Dokumenten aus dem dortigen Partei-Archiv, das erst den Deutschen und dann den Alliierten in die Hände fiel.

Fragen lassen sich immerhin noch ein für allemal entscheiden, wenn auch die Größe des Unternehmens ganz außerordentlich ist. Erheblich schlimmer ist, daß solche einmaligen Entscheidungen gar nicht möglich sind; denn die Unwahrheiten, die man als Ersatz für die Wirklichkeit anbietet, richten sich ja nach den jeweiligen Verhältnissen und Bedürfnissen, welche sich selbst ständig ändern. Sobald sich die politische Linie ändert, muß alles neu revidiert werden – müssen die Lehrbücher neu geschrieben, Seiten aus den Lexika entfernt und durch neue ersetzt, Namen aus den Enzyklopädien verschwinden und durch neue, oft gänzlich unbekannte ergänzt werden, und so fort. Und obwohl diese Revision in Permanenz keinerlei Anhaltspunkt dafür gibt, wie es nun eigentlich wirklich gewesen ist, ist sie doch ein eindeutiges Zeichen dafür, daß alles gelogen ist, was den Stempel der Öffentlichkeit trägt. Man hat oft bemerkt, daß das sicherste Ergebnis der sog. Gehirnwäsche nicht eine veränderte Gesinnung, sondern jener Zynismus ist, der sich weigert, irgend etwas als wahr anzuerkennen. Wo Tatsachen konsequent durch Lügen und Totalfiktionen ersetzt werden, stellt sich heraus, daß es einen Ersatz für die Wahrheit nicht gibt. Denn das Resultat ist keineswegs, daß die Lüge nun als wahr akzeptiert und die Wahrheit als Lüge diffamiert wird, sondern daß der menschliche Orientierungssinn im Bereich des Wirklichen, der ohne die Unterscheidung von Wahrheit und Unwahrheit nicht funktionieren kann, vernichtet wird.

Und gegen dieses Unheil ist kein Kraut gewachsen, weil es die Folge der allen Tatsachen inhärenten Beliebigkeit ist. Da alles, was geschieht, auch anders hätte kommen können, sind die Möglichkeiten, die dem Lügen offenstehen, unbegrenzt, und an dieser Grenzenlosigkeit der Möglichkeiten geht das konsequente Lügen zugrunde. Nur die gelegentliche Zwecklüge hat wirkliche Chancen, sich in der Welt zu behaupten. Die modernen Reklame- und Propagandatechniker, die damit beschäftigt sind, ihre Fiktionen und *images* den jeweils sich ändernden Umständen anzupassen, treiben direktionslos in einem Meer der Möglichkeiten, in dem sie nicht einmal der Glaube an die eigenen Machenschaften rettet. Statt einen halbwegs angemessenen Ersatz für Wirklichkeit und Tatsächlichkeit zu bieten, haben sie die Fakten und Geschehnisse, die sie aus dem

Wege räumen wollten, wieder in diejenigen Möglichkeiten zurückverwandelt, aus denen sie sich ursprünglich eben als Wirklichkeit herauskristallisierten. Denn das klarste Zeichen der Faktizität eines Faktums ist eben dies hartnäckige Da, das letztlich unerklärbar und unabweisbar alle menschliche Wirklichkeit kennzeichnet. Die Propagandafiktionen zeichnen sich dagegen stets dadurch aus, daß in ihnen alle partikularen Daten einleuchtend geordnet sind, daß jedes Faktum voll erklärt ist, und dies gibt ihnen ihre zeitweise Überlegenheit; dafür fehlt ihnen die unabänderbare Stabilität alles dessen, was ist, weil es nun einmal so und nicht anders ist. Konsequentes Lügen ist im wahrsten Sinne des Wortes bodenlos und stürzt Menschen ins Bodenlose, ohne je imstande zu sein, einen anderen Boden, auf dem Menschen stehen könnten, zu errichten. Montaigne hat es endgültig gesagt: »Si, comme la vérité, le mensonge n'avoit qu'un visage, nous serions en meilleurs termes. Car nous prenderions pour certain l'opposé de ce que diroit le menteur. Mais le revers de la vérité a cent mille figures et un champ indéfini.«[28]

So besteht zwar eine unleugbare Affinität zwischen Lügen und Handeln im weitesten Sinne, nämlich unserer Fähigkeit, die Welt zu ändern, und unserer Begabung für Politik überhaupt; aber dieser Affinität sind Grenzen gesetzt, und diese Grenzen sind letztlich die gleichen, welche das menschliche Vermögen zu handeln betreffen. Wer glaubt, durch Propagandafiktionen nur die Änderungen zu antizipieren, die ohnehin erwünscht scheinen, schreibt dem Lügen mehr Macht zu, als es wirklich besitzt. Das Errichten Potemkinscher Dörfer, das bei Politikern und Propagandisten der unterentwickelten Länder so beliebt ist, wird nie zu der Errichtung wirklicher Dörfer führen, wohl aber zu einer Verbreitung illusionären Wunschdenkens und einer Vervollkommnung in den mannigfachen Künsten zu lügen und zu betrügen. Dem Handeln steht weder die Vergangenheit – und alle Tatsachenwahrheit betrifft natürlich immer schon Vergangenes – noch die Gegenwart, sofern sie das Ergebnis der Vergangenheit ist, offen, sondern nur die Zukunft. Werden Vergangenheit und Gegenwart ausschließlich von der Zukunft her verstanden und daher in einer für das Handeln zweckmäßigen, lügen-

---

[28] Das Montaigne-Zitat findet sich im 9. Kapitel des I. Buches der *Essais*, S. 56 der Pléiade Ausgabe.

haften Art und Weise verändert, so hat man das, was ist, in seine ursprüngliche, gleichsam vor-wirkliche Potentialität zurückverwandelt und damit den politischen Raum nicht nur der stabilisierenden Kraft des Wirklichen beraubt, sondern in ihm auch den Punkt vernichtet, von dem aus man handelnd eingreifen kann, um zu ändern oder um etwas Neues zu beginnen. Dann entsteht die aufgeregte und sterile Geschäftigkeit, die so charakteristisch ist für manche der neuen Nationen, die das Unglück hatten, in einem Zeitalter perfekter Propagandatechniken das Licht der Welt zu erblicken.

Daß es um Tatsachen, deren Erhaltung vom Belieben der Machthaber abhängt, schlecht bestellt ist, ist nicht weiter verwunderlich; wesentlicher in unserem Zusammenhang ist, daß Macht ihrem Wesen nach niemals imstande ist, einen Ersatz für die Sicherheit und Stabilität der tatsächlichen Wirklichkeit zu bieten, die in der Vergangenheit wurzelt, also einer Dimension, die unserem Zugriff prinzipiell entzogen ist. Tatsachen sind hartnäckig, und trotz ihrer Verletzlichkeit, über die wir zu Beginn dieser Überlegungen sprachen, verfügen sie über eine seltsame Zähigkeit, die damit zusammenhängt, daß sie, wie alle Ergebnisse menschlichen Handelns – im Unterschied zu den Produkten menschlichen Herstellens –, nicht rückgängig gemacht werden können. An Hartnäckigkeit sind Tatsachen allen Machtkombinationen überlegen. Auf Macht ist kein Verlaß; sie entsteht, wenn Menschen sich für ein bestimmtes Ziel zusammentun und organisieren, und verschwindet, wenn dies Ziel erreicht oder verloren ist. Um dieser ihr innewohnenden Unzuverlässigkeit willen kann Macht weder der Wahrheit und der Wirklichkeit noch der Unwahrheit und jeweils erwünschten Fiktionen eine sichere Stätte bieten. Politisches Denken und Urteilen bewegt sich zwischen der Gefahr, Tatsächliches für notwendig und daher für unabänderbar zu halten, und der anderen, es zu leugnen und zu versuchen, es aus der Welt zu lügen.

V

Wir kehren nun zum Schluß zu den Fragen zurück, die zu Beginn dieser Überlegungen aufgeworfen wurden. Zwar ist Wahrheit ohnmächtig und wird in unmittelbarem Zusammenprall mit den bestehenden Mächten und Interessen immer den Kürzeren ziehen, aber sie hat eine Kraft eigener Art: es gibt nichts, was sie ersetzen könnte. Überredungskünste oder auch Gewalt können Wahrheit vernichten, aber sie können nichts an ihre Stelle setzen. Und dies gilt für religiöse und Vernunftwahrheiten genauso wie, vielleicht offensichtlicher, für Tatsachenwahrheiten. Betrachtet man Politik aus der Perspektive der Wahrheit, wie ich es hier getan habe, so heißt das, daß man sich außerhalb des politischen Bereichs stellt. Wer nichts will als die Wahrheit sagen, steht außerhalb des politischen Kampfes, und er verwirkt diese Position und die eigene Glaubwürdigkeit, sobald er versucht, diesen Standpunkt zu benutzen, um in die Politik selbst einzugreifen. Die Frage ist lediglich, ob diesem Standpunkt selbst eine politische Bedeutung zukommt.

Offensichtlich ist die Position außerhalb des politischen Bereichs, und damit außerhalb der Gemeinschaft, zu der wir gehören, außerhalb auch der Gesellschaft, in der wir uns unter unseresgleichen bewegen, dadurch gekennzeichnet, daß sie eine der mannigfachen Weisen des Alleinseins darstellt. Unter den existentiellen Modi des Alleinseins sind hervorzuheben die Einsamkeit des Philosophen, die Isolierung des Wissenschaftlers und Künstlers, die Unparteilichkeit des Historikers und des Richters und die Unabhängigkeit dessen, der Fakten aufdeckt, also des Zeugen und des Berichterstatters. (Diese Unparteilichkeit muß von früher erwähnten, die der qualifizierten, repräsentativen Meinung zukommt, insofern unterschieden werden, als sie nicht im Prozeß der Meinungsbildung innerhalb des politischen Raumes erworben wird, sondern der Position des Außenseiters von vornherein inhärent ist; die eben erwähnten Berufe können ohne sie schlechthin nicht ausgeübt werden.) Diese Weisen des Alleinseins sind in mancher Hinsicht zu unterscheiden, aber sie haben gemeinsam, daß sie alle das politische Engagement, das Eintreten für eine Sache ausschließen. Sie sind Modi menschlicher Existenz und als solche allen Menschen bekannt; es handelt sich hier um keine im Vorhinein geprägten Typen, sondern eher schon um Berufe, in denen ja auch kein Mensch restlos aufgeht.

Es liegt in der Natur der Sache, daß wir uns des nichtpolitischen und potentiell antipolitischen Charakters der Wahrheit – *Fiat veri-*

tas, et pereat mundus – nur im Falle des Konflikts bewußt werden, und ich habe bisher nur diese Seite der Sache behandelt. Aber das kann ja unmöglich alles sein, was in diesem Zusammenhang vorzubringen ist. Es läßt bestimmte Institutionen außer acht, die im öffentlichen Bereich etabliert und von den herrschenden Mächten gestützt und unterhalten werden, obwohl seit eh und je Wahrheit und Wahrhaftigkeit die ausschlaggebenden Kriterien sind, nach denen sich alles, was in ihnen vorgeht, zu richten hat. Zu diesen Institutionen gehört die Rechtsprechung, die auf das sorgsamste gegen politische und gesellschaftliche Einflüsse abgedichtet ist, ferner die Erziehungs- und Bildungsanstalten, die Universitäten, Forschungsinstitute und Hochschulen, denen der Staat die Erziehung der künftigen Staatsbürger anvertraut. Sollte die Universität sich auf ihre ältesten Ursprünge besinnen, so dürfte sie wissen, daß sie ihre Existenz dem entschlossensten und einflußreichsten Gegner verdankt, den der politische Bereich je gehabt hat. Zwar hat sich Platos Traum, der Polis in der Akademie eine Gegen-Gesellschaft zu erziehen, die sie schließlich beherrschen sollte, nie erfüllt; weder im Altertum noch in den darauffolgenden Jahrhunderten hören wir von einem Versuch der Akademien oder Universitäten, die Macht zu ergreifen. Aber woran Plato nie auch nur im Traum gedacht hat, ist Wirklichkeit geworden: Die Mächte innerhalb des politischen Raumes haben eingesehen, daß sie einer Stätte bedürfen, die außerhalb des eigenen Machtbereichs liegt. Denn ob nun die Hochschulen formal privat oder öffentlich sind, die Lehr- und Lernfreiheit muß genauso vom Staate anerkannt und geschützt werden wie eine unparteiische Rechtsprechung. Die Universitäten sind oft genug die Stätte politisch wie gesellschaftlich sehr unwillkommener Wahrheiten gewesen, und unabhängige Gerichte haben oft genug politisch oder sozial unliebsame Urteile gefällt; andererseits sind auch diese Institutionen nur allzu häufig unter den Druck der Macht geraten und haben ihre Integrität verloren. Dennoch ist es wohl zweifellos, daß ihre Existenz und die in den Universitäten versammelten Gelehrten und Wissenschaftler, die durch die Institution selbst zur Wahrhaftigkeit verpflichtet sind, die Chancen der Wahrheit, im Öffentlichen zu bestehen, erheblich steigern. Und man wird schwerlich leugnen können, daß zumindest in konstitutionell regierten

Ländern die Herrschenden selbst im Konfliktfall einsehen, daß sie ein direktes Interesse an der Existenz von Menschen und Institutionen haben, über die sie keine Macht haben.

Das mag in diesen Jahren der schwersten Erschütterungen, welche die Universitäten je betroffen haben, einigermaßen unglaubwürdig klingen. Aber die eigentlichen Gefahren, die bereits seit dem Ende des Zweiten Weltkrieges die Hochschulen und Forschungsinstitute bedrohen, wiewohl sie erst mit der Rebellion der Studenten voll ins Licht der Öffentlichkeit getreten sind, kommen nicht aus der politischen Sphäre. Zwar sind die Universitäten finanziell heute abhängiger von den Regierungen denn je, so abhängig, daß es kaum noch einen Unterschied macht, ob sie private oder staatliche Institute sind. Aber die Regierungen können es sich unter keinen Umständen leisten, den Universitäten die ungeheuren staatlichen Gelder zu sperren, die heute überall in die Forschung fließen; denn sie, bzw. die von ihnen verwalteten Gesellschaften der hochindustrialisierten Länder, sind von den Universitäten in jeder Hinsicht noch abhängiger als diese von ihnen. Die potentielle Macht der Universitäten ist faktisch noch nie so groß gewesen, was natürlich weder heißt, daß die Universitäten sich dieser Macht bewußt sind, noch garantiert, daß sie verstehen werden, sich ihre Unabhängigkeit trotz wachsender finanzieller Abhängigkeit zu bewahren. Es heißt nur, daß ein guter Teil der Probleme, um die es in den gegenwärtigen Studentenbewegungen geht, der Teil nämlich, der die Auftragsforschung für militärische Zwecke betrifft, durchaus lösbar ist. Dies aber gilt leider keineswegs für den ungleich gefährlicheren Tatbestand, den der amerikanische Physiker Jerome Lettvin vom M.I.T. unlängst wie folgt ausgedrückt hat: »There's no damn thing you can do that can't be turned into war.« [29] Denn dies hat nichts mit der Politisierung der Universitäten zu tun; sie könnte mit politischen Mitteln auch wieder rückgängig gemacht werden, nicht aber die in der Natur der Sache selbst liegende Politisierung der Forschung und der Wissenschaft. Was immer die Naturwissenschaftler tun, sie greifen handelnd in die politischen Schicksale der Welt ein, auch wenn sie selbst ganz und gar unpolitisch sind.

29 So im *New York Times Magazine* vom 18. Mai 1969.

Sieht man aber von dieser neuesten Entwicklung in den Naturwissenschaften und der Technik, der nachzugehen den Rahmen unserer Überlegungen sprengen würde, ab, so ergibt sich, daß die philosophischen Fakultäten mit ihren geschichts- und sprachwissenschaftlichen Abteilungen, denen es obliegt, die Zeugnisse der Vergangenheit zu ermitteln, zu bewahren, zu tradieren und zu interpretieren, politisch von unvergleichlich größerer Relevanz sind. Und selbst das einfache Bewahren und Aussprechen von Tatbeständen impliziert erheblich mehr als die täglichen Informationen der Presse, wiewohl wir ohne sie niemals imstande wären, uns in einer dauernd sich verändernden Welt zu orientieren. (Aber auch diese außerordentlich wesentliche politische Funktion des Nachrichtenwesens liegt streng genommen außerhalb des politischen Bereichs; die reine Nachrichtenvermittlung involviert kein Handeln und keine Entscheidungen. Parteilich oder weltanschaulich gebundene Zeitungen, die ihren Lesern die Nachrichten bereits in ideologischer Sicht vorlegen, verfehlen damit gerade ihre eigentlich politische Funktion.)

Denn was wir unter Wirklichkeit verstehen, ist niemals mit der Summe aller uns zugänglichen Fakten und Ereignisse identisch und wäre es auch nicht, wenn es uns je gelänge, aller objektiven Daten habhaft zu werden. Wer es unternimmt zu sagen, was ist – *legei ta eonta* –, kann nicht umhin, eine *Geschichte* zu erzählen, und in dieser Geschichte verlieren die Fakten bereits ihre ursprüngliche Beliebigkeit und erlangen eine Bedeutung, die menschlich sinnvoll ist. Dies ist der Grund, warum »alles Leid erträglich wird, wenn man es einer Geschichte eingliedert oder eine Geschichte darüber erzählt«, wie Isak Dinesen gelegentlich bemerkt – die nicht nur eine der großen Geschichtenerzähler unserer Zeit war, sondern auch, und in dieser Hinsicht nahezu einzigartig, wußte, was sie tat. Sie hätte hinzufügen können, daß das gleiche von der Freude gilt, die auch für Menschen erst erträglich und sinnvoll wird, wenn sie darüber sprechen und die dazugehörige Geschichte erzählen können. Insofern Berichterstattung zum Geschichtenerzählen wird, leistet sie jene Versöhnung mit der Wirklichkeit, von der Hegel sagt, daß sie »das letzte Ziel und Interesse der Philosophie ist« [30], und die in der Tat

---

30 Siehe den 3. Teil, 3. Abschnitt E von Hegels *Geschichte der Philosophie*, Glockner's Jubiläumsausgabe Band 19, S. 684.

der geheime Motor aller Geschichtsschreibung ist, die über bloße Gelehrsamkeit hinausgeht. Für die Geschichtsschreibung ist das rein Faktische das Rohmaterial, aus dessen Verwandlung die Geschichten der Geschichte erstehen; und diese Verwandlung ist der Transfiguration eng verwandt, welche die Dichtung an den Stimmungen und Bewegungen des Herzens leistet – die Verklärung des Leids in der Klage, des Jubels in der Lobpreisung. Man kann mit Aristoteles die politische Funktion des Dichters als *katharsis* verstehen, als die läuternde Säuberung von den Emotionen, Mitleid und Furcht, die das Handeln des Menschen lähmen. Die politische Funktion des Geschichtenerzählers, der Geschichtsschreiber wie der Romanschriftsteller, liegt darin, daß sie lehren, sich mit den Dingen, so wie sie nun einmal sind, abzufinden und sie zu akzeptieren. Dieses Sichabfinden kann man auch Wahrhaftigkeit nennen; jedenfalls entspringt in der Gegend dieser Realitätsnähe die menschliche Urteilskraft – daß nämlich, um nochmals Isak Dinesen zu zitieren, »wir am Ende des Vorrechts teilhaftig werden, (das Wirkliche) zu prüfen und zu mustern – und dies nennt man das Jüngste Gericht«.

Alle diese politisch bedeutsamen Funktionen spielen außerhalb des politischen Bereichs. Sie setzen Unabhängigkeit des Denkens und Urteilens voraus und sind unvereinbar mit parteipolitischen Bindungen und dem Verfolg bestimmter Gruppeninteressen. Die Geschichte dieser Haltung, der es nur um die Wahrheit zu tun ist, ist älter als alle unsere theoretischen und wissenschaftlichen Traditionen, älter auch als die Tradition philosophischen und politischen Denkens. Ich möchte meinen, daß ihr Ursprung mit der Entstehung der homerischen Epen zusammenfällt, in denen des Liedes Stimme den überwundenen Mann nicht verschweigt und nicht verunglimpft und die Taten der Trojaner nicht weniger gepriesen werden als die der Achäer, die für Hektor zeugen wie für Achill. Eine solche »Objektivität« wird man in den anderen Kulturen des Altertums vergeblich suchen; nirgendwo sonst ist man je imstande gewesen, wenigstens im Urteil dem Feind Gerechtigkeit widerfahren zu lassen, nirgendwo sonst zu indizieren, daß die Weltgeschichte *nicht* das Weltgericht ist, daß Sieg oder Niederlage für das Urteil nicht das letzte Wort behalten dürfen, wiewohl sie doch offenbar das letzte Wort sind für die Schicksale der Menschen. Diese homerische »Objektivität« zieht sich wie ein roter Faden durch die gesamte griechische Geschichte; sie inspirierte den »Vater der Geschichte«, den ersten großen Berichterstatter von dem, was ist: Herodot sagt uns im ersten Satz seiner Geschichten, daß es ihm darum geht zu verhindern, daß »die großen und wunderbaren Taten der Griechen *und* der Barbaren um den Ruhm gebracht werden, den sie verdienen«. Hier liegt die geschichtliche Wurzel der gesamten abendländischen »Objektivität«, dieser merkwürdigen Leidenschaft für intellektuelle Integrität um jeden Preis, die es nur im Abendland gegeben und die es zur Geburtsstätte der Wissenschaft gemacht hat.

Wir haben hier von Politik unter dem Aspekt der Wahrheit gehandelt, und das heißt aus einer Perspektive, deren Standort außerhalb des eigentlich politischen Bereichs liegt. Dies hat zur Folge, daß all das, was innerhalb des politischen Raumes vor sich geht und ihm die eigentümliche Größe und Würde verleiht, unbeachtet bleiben mußte. Aus dieser Perspektive, die sich wesentlich an dem Konflikt zwischen Politik und Wahrheit orientiert, sieht es so aus, als handele es sich in der Politik um nichts anderes als um Macht- und Interessenkämpfe, als gäbe es einen öffentlichen Raum im menschlichen Zusammenleben überhaupt nur, weil die Lebensnotwendigkeiten die Menschen zwingen, sich zu organisieren und je nachdem miteinander zu handeln oder einander zu bekämpfen, kurz, als könne man Politik als das Spiel definieren, in dem entschieden wird: »Who gets What, When, How«.[31] Diese verhängnisvolle Reduktion des Politischen auf schiere Verwaltung ist älter, als man gemeinhin glaubt; sie spricht sich in Nietzsches gelegentlicher Forderung, man solle Politik so ordnen, »daß mäßige Intellekte ihr genügen«, ebenso klar aus wie in der Hoffnung von Marx auf das »Absterben« des Staates. In dem Positivismus, der heute weite Teile der politischen Wissenschaften beherrscht, hat diese ursprünglich offene Verachtung des Öffentlichen und Politischen ihre philosophische Basis verloren und ist verflacht; aber es liegt in der Natur

---

31 So lautet der Titel eines in der amerikanischen politischen Wissenschaft berühmten Buches von Harold D. Lasswell aus dem Jahre 1936.

der Sache, daß diese Ansicht sich geltend macht, sobald man sich dem politischen Bereich vom Standpunkt der Wahrheit aus nähert, vor allem, wenn man die Problematik der Tatsachenwahrheit in den Mittelpunkt der Betrachtung stellt, da diese mit dem Politischen gerade auf diesem niedrigsten Niveau der menschlichen Angelegenheiten in Konflikt gerät. Dabei konnte uns das, was das politische Leben eigentlich ausmacht, gar nicht in den Blick kommen – nicht die hohe Freude, die dem schieren Zusammenkommen mit seinesgleichen innewohnt, nicht die Befriedigung des Zusammenhandelns und die Genugtuung, öffentlich in Erscheinung zu treten, nicht die für alle menschliche Existenz so entscheidende Möglichkeit, sich sprechend und handelnd in die Welt einzuschalten und einen neuen Anfang zu stiften.

Denn worum es in diesen Betrachtungen geht, ist zu zeigen, daß dieser Raum trotz seiner Größe begrenzt ist, daß er nicht die Gesamtheit der menschlichen Existenz und auch nicht die Gesamtheit dessen umfaßt, was in der Welt vorkommt. Was ihn begrenzt, sind die Dinge, die Menschen nicht ändern können, die ihrer Macht entzogen sind und die nur durch lügenden Selbstbetrug zum zeitweiligen Verschwinden gebracht werden können. Die Politik kann die ihr eigene Integrität nur wahren und das ihr inhärente Versprechen, daß Menschen die Welt ändern können, nur einlösen, wenn sie die Grenzen, die diesem Vermögen gezogen sind, respektiert. Wahrheit könnte man begrifflich definieren als das, was der Mensch nicht ändern kann; metaphorisch gesprochen ist sie der Grund, auf dem wir stehen, und der Himmel, der sich über uns erstreckt.

Quellennachweis

»Lüge in der Politik« erschien erstmals unter dem Titel »Lying in Politics« in THE NEW YORK REVIEW OF BOOKS, 18. November 1971. Buchveröffentlichung in CRISIS OF THE REPUBLIC, Harcourt Brace Jovanovich, Inc., New York 1972. Die deutsche Übersetzung erschien erstmals in der NEUEN RUNDSCHAU, 2, 1972. »Wahrheit und Politik« erschien erstmals unter dem Titel »Truth and Politics« in THE NEW YORKER, 25. Februar 1967. Buchveröffentlichung in BETWEEN PAST AND FUTURE, neue und erweiterte Ausgabe, The Viking Press, Inc., New York 1968. Die deutsche Übersetzung erschien erstmals in PHILOSOPHISCHE PERSPEKTIVEN, 1969.

Hannah Arendt

Macht und Gewalt
2. erweiterte Aufl., 11. Tsd. 137 Seiten
Serie Piper 1

Walter Benjamin — Bertolt Brecht
Zwei Essays. 107 Seiten. Serie Piper 12

Über die Revolution
426 Seiten. Leinen

Vita activa oder Vom tätigen Leben
piper paperback. 375 Seiten

Eichmann in Jerusalem
Ein Bericht von der Banalität des Bösen.
20. Tsd. piper paperback. 345 Seiten

Rahel Varnhagen
Lebensgeschichte einer deutschen Jüdin
aus der Romantik. Mit einer Auswahl
von Rahel-Briefen und zeitgenössischen Ab-
bildungen. 298 Seiten und 14 Seiten Abbildun-
gen. Leinen

Piper

Serie Piper:

1. Hannah Arendt, Macht und Gewalt
2. Alexander und Margarete Mitscherlich, Eine deutsche Art zu lieben
3. Ich bin Bürger der DDR und lebe in der Bundesrepublik. Hrsg. Barbara Grunert-Bronnen
4. Christian Graf von Krockow, Nationalismus als deutsches Problem
5. Weizsäcker / Dohmen u. a., Baukasten gegen Systemzwänge
6. Aldous Huxley, Die Pforten der Wahrnehmung · Himmel und Hölle
7. Karl Jaspers, Chiffren der Transzendenz
8. Robert Havemann, Rückantworten an die Hauptverwaltung »Ewige Wahrheiten«
9. Rudolf Wassermann, Der politische Richter
10. Hans Albert, Plädoyer für kritischen Rationalismus
11. Friedrich Gulda, Worte zur Musik
12. Hannah Arendt, Walter Benjamin · Bertolt Brecht
13. Karl Jaspers, Einführung in die Philosophie
14. Mario Wandruszka, Interlinguistik
15. Michael Wertheimer, Kurze Geschichte der Psychologie
16. Hauptworte — Hauptsachen. Heimat Nation. Hrsg. Mitscherlich / Kalow
17. Grebing / Greiffenhagen / v. Krockow / Müller, Konservatismus - Eine deutsche Bilanz
18. Leszek Kolakowski, Die Philosophie des Positivismus
19. Cipolla / Borchardt, Bevölkerungsgeschichte Europas
20. Christa Meves, Verhaltensstörungen bei Kindern
21. Herbert Giersch, Kontroverse Fragen der Wirtschaftspolitik
22. Andreas Flitner, Spielen — Lernen.
23. Karl Jaspers, Aspekte der Bundesrepublik
24. Biologie und Gesellschaft. Hrsg. Watson Fuller
25. Christian Graf von Krockow, Sport und Industriegesellschaft
26. Karl W. Deutsch, Der Nationalismus und seine Alternativen
27. Gerd Albers, Was wird aus der Stadt?
28. Über Eigentum und Gewalt. Hrsg. A. Mitscherlich / G. Kalow
29. Jesus und Freud. Hrsg. Heinz Zahrnt
30. Hermann Rudolph, Die Gesellschaft der DDR – eine deutsche Möglichkeit?
31. Hans Bender, Telepathie, Hellsehen und Psychokinese
32. Hildegard Hamm-Brücher, Unfähig zur Reform?
34. Hans Möller, Das Ende einer Weltwährungsordnung?
35. Die Rolle der Neuen Linken in der Kulturindustrie. Hrsg. Willy Hochkeppel
36. Hannah Arendt, Wahrheit und Lüge in der Politik
37. Leonie Ossowski, Zur Bewährung ausgesetzt.
38. August Kühn, Westend-Geschichte. Biographie aus einem Münchner Arbeiterviertel
39. Theodor Eschenburg, Matthias Erzberger
40. Phyllis Deane / Knut Borchardt, Die industrielle Revolution in England und Deutschland
41. Iring Fetscher, Modelle der Friedenssicherung
42. Über Treue und Familie. Zwei Gespräche. Hrsg. A. Mitscherlich / G. Kalow
43. Enteignung durch Inflation? Hrsg. Johannes Schiemmer
44. Jan Kott, Spektakel – Spektakel

NEUES FORVM

Internationale Zeitschrift engagierter Christen und Sozialisten für radikale Demokratie. Im Eigentum der Redakteure. 15.000 Auflage (7.500 Österreich 7.500 Ausland vor allem BRD)

... beste deutschsprachige Zeitschrift (Süddeutscher Rundfunk) ... erste Namen und überzeugende Beiträge (Presse) ... keine Verbrüderung, sondern sachliche Diskussion (Arbeiter Zeitung) ... ausgezeichnet (Neue Zürcher) ... Baedekersterne für optimales Gelingen (Süddeutsche) ... lesenswert (Welt) ... eine der wenigen wahren Hoffnungen (Frankfurter Allgemeine) ... une des publications les plus vivantes (Le Monde) ... one of the most hopeful (Erich Fromm) ... dialogisches Aktionszentrum (Ernst Bloch) ... Tribüne des Dialogs (Kierunki, Warschau) ... führende Zeitschrift (Woprossy Literatury, Moskau) ... Zentralorgan der revisionistischen Internationale (Neues Deutschland) ... ehrliches Christentum (Tempo Brasileiro) ...

	öS	DM	sfr		öS	DM	sfr
Einzelheft	27	3,80	4,50	2jähr. Abo	480	68,50	80
Doppelheft	35	5	6	3jähr. Abo	650	93	108
1jähr. Abo	270	38,50	45	5jähr. Abo	945	135	157,50

40% Ermäßigung für Schüler, Lehrlinge, Studenten, Soldaten

In allen guten Buchhandlungen, Kiosken, Trafiken, Bahnhöfen, Hochschulen sowie Museumstr. 5 A 1070 Wien Tel. 93 33 53